福建省社会科学研究基地重大项目
"福建省传统村落'内置金融'构建促进特色文化产业发展研究"
（项目编号：FJ2019JDZ047）终期成果。

陈意 ——— 著

福建省传统村落『内置金融』构建促进特色文化产业发展研究

九州出版社 | 全国百佳图书出版单位
JIUZHOUPRESS

图书在版编目（CIP）数据

福建省传统村落"内置金融"构建促进特色文化产业
发展研究 / 陈意著. —— 北京：九州出版社，2022.11
ISBN 978-7-5225-1473-4

Ⅰ．①福… Ⅱ．①陈… Ⅲ．①农村金融－合作金融－
研究－福建②地方文化－文化产业－产业发展－研究－福
建 Ⅳ．①F832.35②G127.57

中国版本图书馆CIP数据核字(2022)第224678号

福建省传统村落"内置金融"构建促进特色文化产业发展研究

作　　者	陈意 著	
责任编辑	郝军启	
出版发行	九州出版社	
地　　址	北京市西城区阜外大街甲 35 号（100037）	
发行电话	(010)68992190/3/5/6	
网　　址	www.jiuzhoupress.com	
印　　刷	北京九州迅驰传媒文化有限公司	
开　　本	720 毫米 ×1020 毫米　16 开	
印　　张	10.25	
字　　数	156 千字	
版　　次	2023 年 11 月第 1 版	
印　　次	2023 年 11 月第 1 次印刷	
书　　号	ISBN 978-7-5225-1473-4	
定　　价	48.00 元	

目 录

绪　论

一、研究背景

党的十八大以来，习近平总书记高度重视金融在经济社会发展中的重要地位和作用，持续深化对金融本质和规律的认识，强调金融回归服务实体经济的本源。党的十九大正式提出了具有全局意义的"乡村振兴"战略，"三农"问题即农业、农村、农民问题是关系国计民生的根本性问题，是全党工作的重中之重。在乡村振兴引领下，全国各地都在进行农村金融的各项尝试，无论是外部正规金融还是村社内置金融，都在积极探索适合农村集体经济体制的金融支持方案。

早在 2009 年中央一号文件就已经明确提出：农村金融是建立现代农业的核心。2014 年、2015 年、2016 年连续三年中央一号文件都明确提出："在强化政策性和商业性金融机构支持'三农'职责的同时，也突出我国对发展新型农村合作金融组织进行了部署和安排"，要"积极探索新型农村合作金融发展的有效途径，稳妥开展农民合作社内部资金互助试点"，这充分肯定了合作金融在农村金融系统中的作用，显示了党中央、国务院推动农村改革和发展有了新的重大的政策导向。可见，新型农村合作金融制度框架的构建对促进我国农业生产方式转变、发展特色文化产业有着重要的现实意义。

本课题基于此背景，研究金融如何助力发挥乡村的内生动力，利用乡村深厚的文化内涵赋予产业特质,发展好当地特色文化产业,实现村落保护与产业发展的良性互动,达到既能传承和保护传统村落的特色文化资源,又能拉动村落经济发展、村民收入水平提高的效果,具有重要现实意义。

"内置金融",即属于农村合作金融范畴。"内置金融"是与城市正规金融机构金融资本下乡的"外置金融"相对而言的。"内置"一词旨在强调这种金融组织在结构上内设于乡村社区,因而与正规的商业性金融机构有很大不同。这种组织具有三个基本特点:第一,它由农民在本村范围内筹资创办,其信贷业务也只面向村内居民;第二,它的运营管理依靠组织成员的自主自治;第三,它的成员享有其全部经营利润,并承担其全部运营风险。可见,"内置金融"模式更强调村民的主体性和自主性。"内置金融"主要是为了解决当前村落特色产业发展内生动力不足问题。从根本上说,传统村落要延续和发展,必然要活化传统村落的特色资源,发展特色文化产业,而特色文化产业发展离不开金融扶持。

乡村"内置金融"的发展已有快十年的历史,从 2004 年湖北省监利县王垸村养老资金互助社开始,到如今已作为乡村发展蓝本的河南省信阳市郝堂村的夕阳红养老资金互助社,农村"内置金融"模式从实验、试点到形成成功案例,已成为合作金融的一种可推广的模式。目前,湖南、河北、河南、广东、湖北、贵州等省已经建立了若干个农村"内置金融"合作社,这些资金互助合作社在当地政府、乡贤的支持下,在村民的参与下,实现了资金互助规模的增长,解决农户融资难的问题,同时带动村组织再造,带动乡风文明的发展,为传统村落"内置金融"合作社推广提供了经验。

目前,福建省的农村金融体系在政府"发展普惠金融,鼓励金融创新"的政策指导下仍然以政策性金融和商业性金融实施为主。2017 年省政府关于强化福建省农村金融服务十条措施中,主要发挥的是农业发展银行、农业银行、农村信用社、农商银行、邮政储蓄银行等政策性和商业性金融机构的作用,在研究"内置金融"资金互助社的政策探索与试点实践仍存在较大空白。

福建省村民专业合作社起步于 20 世纪 90 年代末，仍处于萌芽探索阶段，全省合作社在数量上增长较快，但大小不一、规模不定，并且在经营管理、资金融合和人才吸引等方面存在一定的问题，对特色文化产业的内生供应严重不足。因此，通过对已有的农村"内置金融"互助社经验研究，本书尝试从"内置金融"构建的角度研究乡村特色文化产业的内生动力和发展路径，为传统村落特色文化产业发展打下坚实的组织和资金基础，促进乡村振兴，也为福建省"内置金融"体系构建的可行性和操作性提供一个参考性框架。

二、研究内容

全书的研究框架分成两大篇幅，第一篇是"内置金融"思想与模式，第二篇是"内置金融"与传统村落特色产业。

第一篇主要针对农村金融思想和农村金融模式展开论述。

第一章主要研究习近平总书记关于金融治理工作、关于农村金融工作的重要论述，是习近平经济思想的重要组成部分。习近平总书记关于金融治理的几次重要论述充分体现了坚持以人民为中心的核心思想，以及金融工作中坚持"四项重要原则"和"三项重要任务"框架，旨在以习总书记金融发展重要论述为指导推进农村集体经济金融高质量发展。

第二章主要就"内置金融"思想的起源和内容展开论述。这章是本书的基础章节，为后续研究打下理论基础。"内置金融"，是相对"外置金融"（即正规金融机构）模式而言，即一种建立在村民自治互助合作基础上的资金互助模式。本章从背景分析、组织机构、核心思想、功能设计、相关案例以及演化创新几个方面对"内置金融"做一个全方位把握。

第三章主要论述共同富裕背景下农村集体经济金融逻辑分析。"内置金融"构建在村社组织中的内化机制与农村集体经济组织强调资产权力内化于民存在共性。近年来，政府自上而下对农村集体经济发展实施多项扶持政策，既提供财政投入，完善乡村各项公共基础设施建设，同时推动金融机构开展普惠金融业务，助力乡村振兴。虽然农村集体经济金融实践上积累了不少经验，但在推广普及和有效性上仍十分艰难，资金仍然是农村集体经济发展的掣肘。可见，农村集体经济发展一直缺少一个有效的金融逻辑思路和实现或优化的路径。只有把握集体经济的金融逻辑，才能有效构建金融支持框架，推进金融落地效应。

第四章是针对福建省传统村落"内置金融"模式可行性研究。福建省近年各村镇在资金互助社的尝试主要分为三类：第一类由是村集体组织自发成立为满足小农小额贷款需求的"内生型"资金互助社。第二类是由外部专业机构协助成立的"外生型"资金互助社。第三类是走"三位一体"的专业合作社、供销社与资金互助社结合的模式。无论是哪种模式，均为"内置金融"互助社的架建提供了充足的案例经验，以及打下坚实的人员基础、管理模式基础和资金运营基础，也体现了"内置金融"互助社的核心前提。本章首先分析福建省传统村落合作社金融体系发展现状，然后基于南安"外生型"资金互助社、泉州"专业合作社上再建资金互助社"的案例研究，针对福建省乡村"内置金融"模式构建提出相关思路和建议。

第五章是国际农村金融案例对比和借鉴。本章选择了东亚日本和韩国、南亚印度进行对比有一定的考量。在国际上，日本、韩国、印度为以原住民为主的传统小农经济国家，与中国由于相似的文化背景及同样面临人多地少、小农生产为主的实际情况，这些国家农村金融的实践对我国农村金融的发展尤其是合作金融的发展具有重要的参考意义。但由于国情不同，在相似问题上，解决问题的方向不同，因此，开展合作金融仍需基于国情，建设有中国特色的合作金融体系。

第二篇主要论述"内置金融"推动传统村落特色文化产业发展的逻辑和机制。

第六章主要应用模型分析农村金融对传统村落经济发展的作用机制。首先，在基础模型中，"金融"要素作为货币化形态的生产要素，是农村经济增长的核心动力。由于农村金融资源具备普惠性的特征，使得"金融"要素可以公平和平等地在农村区域进行分配。基于转变农村经济增长方式的角度，"金融"要素的普惠性可以实现农产品生产的规模报酬效应，即当所有要素同比例增长时，农产品的产量会实现更大幅度的增长。当农村金融资源覆盖率扩大以及农村金融资源特有的低资金成本特性，可以实现小农户的资产出现规模化集中，农村经济增长方式发生转变，同时有利于优化产业结构，有利于发展符合乡村资源禀赋资源的特色文化产业。

基于卢卡斯的模型中，是把人力资本（即金融人才获取金融资源的专业能力）作为模型的构成要素，决定"金融"要素对经济增长的贡献度主要有两个因素：经济个体获取"金融"资源的能力大小或为获取"金融"资源付出努力的大小，以及生产者的分散度情况。可见，当"金融"资源变成一种易获性资源，那么对经济增长具有显著的贡献度。这也符合当前强调普惠金融的重要性。因此除了要进一步完善外置金融体系的"普惠性"，提高商业性金融机构针对农村金融供给的易获性，更要加快培育农村资金互助社等新型金融组织，走一条符合村民主体性的"内置金融"体系投融资渠道，这也有利于维护农村金融的安全性，保障农村经济稳定，提高农民收入水平，以组织化方式提高农民的社会地位，壮大发展农村集体经济，实现乡风文明、共同富裕的乡村振兴局面。

第七章论述"内置金融"推动传统村落特色产业发展的衔接机制。《乡村振兴战略规划（2018—2022 年）》提出要"发展乡村特色文化产业"，建设一批特色鲜明、优势突出的农耕文化产业展示区，打造一批特色文化产业乡镇、文化产业特色村和文化产业群。本章通过郝堂村"内置金融"推动特色文化产业案例研究，总结郝堂村在"内置金融"资金互助推动传统村落特色文化产业的经验。最后以福建省晋江围头村、厦门青礁村、福清牛宅村为例，分析特色文化产业发展的金融支持模式。

第八章用模糊层次分析法来设计传统村落特色文化产业发展的金融支持

体系评估指标体系，指标设计包含三重目的：一、评估农村金融结构、组织化程度、金融覆盖率以及金融获得率，评估当前某传统村落的金融支持体系普惠度和适应性。二、评估农村特色文化产业发展体系：资源禀赋利用率、产业规模、产业分布、收入增加值，评估某村落特色产业发展的成熟度和就业量实现；三、制度体系，包括金融资源与特色文化产业的衔接机制、村社治理体系、公共政策、法律法规等，评估某村落制度性因素的完备度。本评估指标体系的构建仅提供一个参考性评估模型，但暂缺乏实际案例和数据的验证，因此需要后续进一步验证。

第九章从宏观、中观、微观维度进行制度与实际操作层面的顶层设计，提出构建包含政府、社区、村社组织、资金互助组织、专业合作社、商业信贷机构、市场、村委领导、基层党组织、乡贤、村民与侨胞等共同参与的保障体系，分别从制度法律、政策资金、技术人才、文化教育以及配套服务展开搭建传统村落特色文化产业发展保障体系，以期综合促进传统村落特色文化产业发展与提升。

本研究存在最大不足：研究过程中，传统村落田野调查的案例针对性不强、调研村落样本数不够，研究缺少实证分析。基于本研究基础，后续将深入开展田野调查，加强实证分析以提升论证完整性和有效性。

第一篇　农村"内置金融"思想与模式

第一章　习近平总书记关于农村金融工作的重要论述

一、习近平总书记关于金融治理工作的重要论述

习近平总书记关于各项金融工作的重要论述是习近平经济思想的重点内容之一，习近平总书记在各个重要会议中有关金融思想的重要论述出现 12 次（如下表），主要体现了当前国内国外双循环发展格局下，防范和化解金融风险成为当前金融工作的重中之重。习近平总书记关于金融治理的几次重要论述，核心思想是坚持以人民为中心：金融业要以满足人民需要为中心；金融安全事关人民群众财产安全；发展普惠金融，提高金融可获得性；发挥金融在共同富裕方面的重要作用；完善金融消费者保护的体制机制。

表 1-1：习近平总书记近年关于金融工作重要论述一览表

时间	会议	金融工作重要论述内容
2016 年 12 月	中央经济工作会议	"要在增强汇率弹性的同时，保持人民币汇率在合理均衡水平上的基本稳定。要把防控金融风险放到更加重要的位置，下决心处置一批风险点，着力防控资产泡沫，提高和改进监管能力，确保不发生系统性金融风险。"

续表

时间	会议	金融工作重要论述内容
2017 年 2 月	中央财经领导小组第十五次会议	"防控金融风险，要加快建立监管协调机制，加强宏观审慎监管，强化统筹协调能力，防范和化解系统性风险。要及时弥补监管短板，做好制度监管漏洞排查工作，参照国际标准，提出明确要求。要坚决治理市场乱象，坚决打击违法行为。要通过体制机制改革创新，提高金融服务实体经济的能力和水平。"
2017 年 4 月	十八届中央政治局第四十次集体学习	"金融安全是国家安全的重要组成部分，是经济平稳健康发展的重要基础。维护金融安全，是关系我国经济社会发展全局的一件带有战略性、根本性的大事。金融活，经济活；金融稳，经济稳。必须充分认识金融在经济发展和社会生活中的重要地位和作用，切实把维护金融安全作为治国理政的一件大事，扎扎实实把金融工作做好。维护金融安全，要坚持底线思维，坚持问题导向，在全面做好金融工作基础上，着力深化金融改革，加强金融监管，科学防范风险，强化安全能力建设，不断提高金融业竞争能力、抗风险能力、可持续发展能力，坚决守住不发生系统性金融风险底线。发展金融业需要学习借鉴外国有益经验，但必须立足国情，从我国实际出发，准确把握我国金融发展特点和规律，不能照抄照搬。"
2017 年 7 月	全国金融工作会议	"金融是国家重要的核心竞争力，金融安全是国家安全的重要组成部分，金融制度是经济社会发展中重要的基础性制度。必须加强党对金融工作的领导，坚持稳中求进工作总基调，遵循金融发展规律，紧紧围绕服务实体经济、防控金融风险、深化金融改革三项任务，创新和完善金融调控，健全现代金融企业制度，完善金融市场体系，推进构建现代金融监管框架，加快转变金融发展方式，健全金融法治，保障国家金融安全，促进经济和金融良性循环、健康发展。做好金融工作要把握四项重要原则。"

续表

时间	会议	金融工作重要论述内容
2017 年 10 月	党的十九大	"深化金融体制改革,增强金融服务实体经济能力,提高直接融资比重,促进多层次资本市场健康发展。健全货币政策和宏观审慎政策双支柱调控框架,深化利率和汇率市场化改革。健全金融监管体系,守住不发生系统性金融风险的底线。"
2018 年 4 月	中央财经委员会第一次会议	"打好防范化解金融风险攻坚战,要坚持底线思维,坚持稳中求进,抓住主要矛盾。要以结构性去杠杆为基本思路,分部门、分债务类型提出不同要求,地方政府和企业特别是国有企业要尽快把杠杆降下来,努力实现宏观杠杆率稳定和逐步下降。要分类施策,根据不同领域、不同市场金融风险情况,采取差异化、有针对性的办法。要集中力量,优先处理可能威胁经济社会稳定和引发系统性风险的问题。要强化打好防范化解金融风险攻坚战的组织保障,发挥好金融稳定发展委员会重要作用。要抓紧协调建立中央和地方金融监管机制,强化地方政府属地风险处置责任。"
2019 年 1 月	省部级领导干部坚持底线思维防范重大风险研讨班	"坚持底线思维,彰显深沉的忧患意识和强烈的历史担当,对我们做好防范化解重大风险各项工作具有重要指导意义。我们要认真学习,加深对进行具有许多新的历史特点的伟大斗争的理解,增强做好稳定工作的责任感,强化风险意识,提高防控能力,完善防控机制,积极防范化解政治、意识形态、经济、科技、社会、外部环境、党的建设等领域重大风险,保持经济持续健康发展和社会大局稳定。"
2019 年 2 月	十九届中央政治局第十三次集体学习	"要深化对国际国内金融形势的认识,正确把握金融本质,深化金融供给侧结构性改革,平衡好稳增长和防风险的关系,精准有效处置重点领域风险,深化金融改革开放,增强金融服务实体经济能力,坚决打好防范化解包括金融风险在内的重大风险攻坚战,推动我国金融业健康发展。"

续表

时间	会议	金融工作重要论述内容
2021 年 4 月	中央政治局会议	"建立地方党政主要领导负责的财政金融风险处置机制，金融风险不仅限于地方隐性、显性的债务风险管控，还涉及地方国有企业债务风险管控，本次要求比 12 月中央经济工作会议'抓实化解地方政府隐性债务风险工作'更进一步压实各方责任。"
2021 年 8 月	中央财经委第十次会议	"金融是现代经济的核心，关系发展和安全，要遵循市场化法治化原则，统筹做好重大金融风险防范化解工作。"
2021 年 12 月	中央经济工作会议	"引导金融机构加大对实体经济特别是小微企业、科技创新、绿色发展的支持。要正确认识和把握防范化解重大风险。要继续按照稳定大局、统筹协调、分类施策、精准拆弹的方针，抓好风险处置工作，加强金融法治建设，压实地方、金融监管、行业主管等各方责任，压实企业自救主体责任。要强化能力建设，加强金融监管干部队伍建设。化解风险要有充足资源，研究制定化解风险的政策，要广泛配合，完善金融风险处置机制。加大对实体经济融资支持力度，促进中小微企业融资增量、扩面、降价。"
2022 年 7 月	中央政治局会议	"要保持金融市场总体稳定，妥善化解一些地方村镇银行风险，严厉打击金融犯罪。"

资料来源：根据习总书记关于金融工作会议重要论述整理而成。

综上，党的十八大以来，习近平总书记基于对国内外金融形势的研判，就当前金融领域出现的各项问题，提出了具有战略意义和统筹全局的指导性意见。习总书记关于金融工作的重要论述框架中包含了对金融的定位、金融风险防控、金融改革深化、金融全球治理等一系列问题的决策部署。关于金融的定位，金融的宗旨是为实体经济服务，金融要回归其本质职能，有效发挥金融市场的融资功能。关于金融风险防控，在当前复杂的国内外经济形势下，维护金融安全是关乎经济社会发展全局的大事，是国家安全的重中之重，要防范化解金融风险，避免系统性金融风险的发生和波及，因此要着力加强金融监控，推动监管合作。关于深化金融改革，应坚持风险防范与金融改革并重，稳步推进区域金融改革，在完善国有金融资本管理和外汇体制管理的基础上，积极推动金融行业对外开放，主动参与全球金融治理，维护世界经济稳定。

习近平总书记关于金融治理的思想精髓可以概括为"四项重要原则"和"三项重要任务"。习近平总书记在2017年全国金融工作会议上强调，金融工作要把握好四项重要原则，紧紧围绕三项任务。四项重要原则分别是："一回归本源，服从服务于经济社会发展；二优化结构，完善金融市场、金融机构、金融产品体系；三强化监管，提高防范化解金融风险能力；四市场导向，发挥市场在金融资源配置中的决定性作用。""紧紧围绕服务实体经济、防控金融风险、深化金融改革三项任务。"这些思想论述为我们理解当前形势下的金融工作提供了引领和思路。

二、习近平总书记关于农村金融工作的要求

习近平总书记关于金融工作强调："要始终坚持以人民为中心的发展思想，更好满足人民群众和实体经济多样化的金融需求。"其中指出要"努力把维护最广大群众根本利益作为金融监管工作的出发点和落脚点，引导金融机构强化'三农'和扶贫等领域金融支持，持续提升金融服务覆盖面、可得性和满意度"。基于习总书记关于金融工作重要论述引领的基础上，基于党中央对金融形势的判断和对金融工作的决策部署，在农村金融各项工作中，农村中小金融机构首先要以满足农民群众日益增长的美好生活需要为第一要务，从服务经济社会发展、服务共同富裕全局着眼，强化金融工作"三大任务"，全面提升"三农"服务水平和发展质量。其次，要坚定金融服务实体经济的本质职能，金融回归本源，有效对接实体经济需求，主动策应供给侧结构性改革、乡村振兴战略、巩固脱贫成果、推进生态发展

等重大战略。第三，坚持主动防范化解金融风险，坚定风险防范意识，树立全面风险管理理念，强化风险防控体系建设。第四，坚持金融服务创新工作，针对农村金融服务需求，推动金融机构经营管理机制创新，推动金融产品金融服务创新，不断提高"三农"服务专业化、精细化和集约化水平。

三、中央一号文件关于农村金融工作的指导意见

2022 年中央一号文件首次将"强化乡村振兴金融服务"单列为一项重要内容。中央一号文件中主要有三个关注点：第一，两条底线：保障国家粮食安全，不发生规模性返贫；第二，两大抓手：夯实现代农业基础，促进农业产业发展；第三，两大保障：加大财政投入，强化金融服务。"金融服务不足和农村金融的信用缺失，是乡村振兴中解决投融资问题的瓶颈。2022 年中央一号文件针对乡村振兴的金融服务供给不足问题，提出了金融政策支持、信用解决、风险市场化分担和补偿等关键性措施和意见，是强化乡村振兴金融服务的重要举措。"强化乡村振兴金融服务"单独列出，是突出现代金融业在产业和区域发展中的重要作用，是要把金融功能真正延伸到乡村，把乡村纳入金融业的主流目标客户群体中。

纵观历年中央一号文件有关农村金融工作的战略性指导性意见，与"内置金融""资金互助""合作金融"相关的金融工作指导性意见如下：

2006 年：提出"引导农户发展资金互助组织"。

2007 年：提出"要形成商业金融、合作金融、政策性金融和小额信贷组织互为补充，功能齐备的农村金融体系"。

2012 年：提出"有序发展农村资金互助组织，引导农民专业合作社规范开展信用合作"。

2013 年：提出"切实加大商业性金融支农力度，充分发挥政策性金融和合作性金融作用，确保持续加大涉农信贷投放"。

2014 年：提出"发展新型农村合作金融组织。在管理民主、运行规范、带动力强的农民合作社和供销合作社基础上，培育发展农村合作金融，不断丰富农村地区金融机构类型。坚持社员制、封闭性原则，在不对外吸储放贷、不支付固定回报的前提下，推动社区性农村资金互助组织发展。完善地方农村金融管理体制，明确地方政府对新型农村合作金融监管职责，鼓励地方建立风险补偿基金，有效防范金融风险。适时制定农村合作金融发展管理办法"。

2015 年：提出"要主动适应农村实际、农业特点、农民需求，不断深化农村金融改革创新。积极探索新型农村合作金融发展的有效途径，稳妥开展农民合作社内部资金互助试点，落实地方政府监管责任。做好承包土地的经营权和农民住房财产权抵押担保贷款试点工作"。

2016 年：提出"扩大在农民合作社内部开展信用合作试点的范围，健全风险防范化解机制，落实地方政府监管责任"。

2017 年：提出"规范发展农村资金互助组织，严格落实监管主体和责任。开展农民合作社内部信用合作试点，鼓励发展农业互助保险"。

2018 年：提出"健全适合农业农村特点的农村金融体系，推动农村金融机构回归本源，把更多金融资源配置到农村经济社会发展的重点领域和薄弱环节，更好满足乡村振兴多样化金融需求"。

2021 年：提出"明确地方政府监管和风险处置责任，稳妥规范开展农民合作社内部信用合作试点"。

基于各年中央一号文件与"资金互助""合作金融"相关的意见，我们发现：

强调农村金融服务仍主要以创新商业性金融、政策性金融以及新型农业金融组织为主，虽然鼓励具有"内置金融"性质的资金互助社等在行政区域内有序开展，但由于缺乏法律主体地位，缺乏合规经营法律法规，多数资金互助社仍然游走在农村金融"灰色地带"。以郝堂村的资金互助社注册为例，想在银保监局获得身份审批，未获批准，以"农民专业合作社"在工商局注册，因风险因素转民政局注册登记。可见，法律身份的不明确导致监管缺位，韩国、中国台湾在农村合作金融领域制定了健全的法律法规，明确规定了监管单位，通过立法体系保障合作金融经营稳健，这使得合作金融机构能够有序、合法地吸收本地农民存款，农民对合作金融机构也有信任感，这是开展合作金融服务的基础。而我国，在配套立法上，一直处于有政策但无配套措施阶段，政府一直没有出台相关实施性规范文件对这个行业进行监督管理，资金互助社的信用合作服务一直游离灰色边缘。因此，要加大对资金互助社的研究和实践，加快立法进度，加强资金监管，推动资金互助金融更有效地服务于乡村产业发展。

四、以习总书记金融发展重要论述为指导推进农村集体经济金融高质量发展

党的十八大以来，习近平总书记在多个重要场合就金融发展问题发表重要讲话，对做好金融工作做出重要指示。习近平总书记关于金融发展的重要论述内涵丰富、思想鲜明，是习近平新时代中国特色社会主义经济思想的重点内容之一，为做好新时代金融工作、推动中国金融高质量发展奠定了坚实理论基础、提供了根本遵循。

习近平总书记高度重视金融服务乡村经济社会发展的重要性，强调持续深化对乡村金融实践和本质的认识，强调金融服务农村经济的本源。当前，我国农村集体经济的发展和壮大，具有稳定农村、发展农业、富裕农民的特殊功能，是"我国靠着自身的主权继续推进货币化和资本化的重要领域"，也是当前实现国内国际双循环的重要基础。

（一）习近平总书记关于金融发展的重要论述贯穿农村集体经济金融逻辑

习近平总书记关于当前金融治理工作的四项重要原则体现了金融服务高质量发展的内在逻辑，我们也从中深耕农村集体经济的金融供给逻辑。

1.农村金融供给必须始终坚持以农民权益为中心，巩固和完善农民的主体地位

要深刻领会我国农村金融工作的政治性、人民性，努力把维护农民群众根本利益作为农村金融供给工作的出发点和落脚点。一方面，通过引进商业型金融机构加大对农业集体经济的扶持和农村农民产业的金融支持，进一步优化农村农民金融服务，不断增强金融可得性和覆盖率。另一方面，坚持"群专结合"，发挥农民群众、集体组织、合作社、各类社会组织和专业监管机构合力，使农民成为金融供给的受益者、风险防范的监督者和参与者，充分体现农民的主体地位。

2.农村金融供给必须回归农村经济本源，从根本上改变农村集体经济的金融排斥现象

农村金融回归农村集体经济本源，并着力建立了农村集体经济资金供给框架，从根本上改变了农村集体经济所处的金融排斥环境。农村经济以中小农分散经济为主，难以对接规模性产业生产和享受市场红利，以农村集体经济组织为载体，可以有效改变分散经济的弊端。目前，农村地区的金融服务宏观渗透率与微观利用率都不高，且资金使用效益度也较低。农村集体经济正是处在这种特殊金融环境，金融排斥度较高，抑制了农村集体经济的复兴和发展。可见，改变农村集体经济金融排斥环境，解决农村集体经济所需的资金问题，具有经济和政治双重意义。

3.农村金融供给必须优化金融供给结构，解决农村集体经济金融渗透度低的瓶颈

我国农村实行家庭联产承包责任制，由于土地承包经营和生产性资料被

平均分配落实到户，农村集体财产已所剩无几，农村集体经济的作用逐步被弱化，多数农村集体经济组织陷入规模小或零散化，又或者是空壳化阶段，经济基础较弱，缺少资本的青睐和资金积累。在资源分散、资金分散、农户分散的背景下，农村集体经济很难引入正规金融机构的资金。分散性的资源、资金、农民和农村农业现代化、规模化、组织化、市场化之间的矛盾日益凸显，因此必须进一步优化农村金融服务供给结构，以市场改革为动力、以政府支持为导向、深化改革创新，构建完整的金融服务农村发展的市场体系、组织体系和产品体系，进一步推进政策性金融资金的有效分配，进一步加强商业金融机构的农村金融产品创新，进一步扩大合作社金融的融资规模和渠道，进一步推进数字金融发展，形成实体网点和数字两种方式下沉服务。

4.农村金融供给必须强化全面监管，提高金融服务集体经济的风险防控能力和抗压能力

从农村社会的金融契约来看，长期以来农村外部金融的不到位主要源于农村金融所需的资产和个人信息不对称，这对于到达农村资金的监管存在漏洞和难点。从金融监管框架来看，监管体系指标存在缺陷，一是缺少农村资金经营性监管指标，较难反映金融供给机构的经营管理水平和风险管理水平；二是部分指标缺少实际参考意义，均是依据金融机构的通用指标来考核，且随着农村金融产品的创新，不仅较难跟踪农村资金实际使用情况，同时部分指标不切实际，影响农村金融监管的有效性。从农村集体经济资金监管的特殊性来看，村民主体监管也能发挥特殊作用。村民主体性体现在村民的决定权、监督权和利益权。农村集体经济由村民主体构成，村民对资金的监管一方面能避免外部资本推动下的资金转换用途，影响农民的收益权，另一方面能避免集体经济组织因资金管理水平不足或管理者徇私舞弊等出现的资金使用问题。因此，农村集体经济金融要强化村民的监督职能。目前多数农村集体经济组织架构和治理体系不完善，各项资金使用规范章程有待设计，规范性和专业性有待加强。基于当前农村金融资金规模逐步扩大，而与之匹配的

针对性金融监管相对薄弱，因此要全方位加强农村金融监管，自上而下做好顶层设计和政策落地。

5. 农村金融供给必须以农村资产市场化和优化产业布局为导向，有效发展壮大农村集体经济实力

土地是农村金融的核心要素。因为土地实行承包经营制，农村土地基本处于碎片化状态，农村产业的组织化、规模化受到限制，很难引入外部资金。农村金融与土地流转机制密切相关。农村发展的规模化经营，必然需要对农村土地的市场流转为基础，加快流转，实现规模化效益。从产业发展角度，目前许多农村产业单一，同质化现象严重。同时，农村集体经济发展上一无村办集体企业，二无集体组织掌握资源，三无集体财产，四无集体收入，构成了实际上的"四无"空壳村，尤其是因缺少牵动型行业和骨干型公司支持，聚集能力相对较弱，可持续性不强。部分农村集体经济组织刚登记办证就向银行申请贷款，申请业务缺乏产业支撑基础，贷款难度较大。

（二）新发展阶段农村集体经济金融供给的现状和不足

目前，农村集体经济发展仍存在较严峻的融资供应不足与资金脱节现状，必须以习近平金融治理四项重要原则为指导，把握农业集体经济的特殊金融逻辑，才能有效化解农业集体经济发展的金融供给难题。

政府金融支持方面，在脱贫攻坚等重要领域和关键薄弱环节等方面发挥着主力军作用。政策性金融资金对乡村振兴持续发力，当前，对于农村的财政资金供给基本持平于城市建设资金，城乡差距的资金供给平衡已经实现，但在如何提升脱贫地区资金使用效率及如何激发引导脱贫地区内生发展动力上存在不足。一是财政向农村投入大量的扶持资金，公共基础设施得到有效提升，但农民的自主经营意识、规模产业意识不高，资本产出比较低。二是财政资金多以项目制方式划拨，由于缺乏农村集体经济组织化的有效承接，导致资金使用与基层农民真正的需求存在脱节。部分财政资金在分配和使用

前未经充分调研，往往无法满足基层农民的实际需求。

金融机构服务方面，在中央政策指引下，金融机构不断强调支持农村集体经济发展的政策定位，积极探索落地各种创新金融服务方式和业务模式，逐步建立针对农村金融服务的制度体系，但仍然面临着"三农"融资的不确定风险成本、收益与商业金融机构利益诉求相矛盾的问题。农村集体经济组织来自正规金融机构的资金支持仍非常有限，商业性金融与农村资金需求无法有效匹配。

内生金融服务方面，作为金融支持乡村振兴的中坚力量，内生金融一定程度上利用乡村人缘、地缘、血缘的优势，能够实现风险内部化，也能够一定程度上缓解农村弱势群体融资难、融资贵的现象。目前合作性金融有许多不同的金融尝试，比如资金互助社、合作社金融、互联网金融以及当前"三变"改革模式的融资方式，在农民利益权和监督权上均有一定的试点和创新，但也面临着资金规模有限、管理经验不足、产业发展滞后与有效监管不足等问题。

（三）以总书记关于金融发展的重要论述为指导扎实推进农村金融高质量发展

习总书记明确提出，首先要"在资金投入方面采取有力措施，加快补齐农业农村发展短板"。要实现这一目标，就必须始终坚持以农民为中心的思想，就必须优化各项金融政策，优化现阶段农村金融支撑模式，构建合理高效的农村金融制度安排，加强农村金融供给有效性，使之成为发展壮大农村集体经济的重要举措。

1.厘清农村集体经济特殊的金融逻辑

农村集体经济金融支持应满足以下几个条件：（1）从根本上解决改变农村集体经济长期以来的金融排斥环境。（2）在金融创新实践上坚持农村集体资产产权的集体所有制根本性质不变。（3）推进土地等集体经济资产确权、转让、交易等市场机制的完善。（4）保障农民依托集体产权的主体地位和收益权不受影响。（5）推动金融解决乡村建设和产业发展的持续性和稳定性。

2. 加大政策性金融资金支持的精准性

当前，政策性金融资金基本已实现城乡平衡，在农村基础设施建设和公共服务配套上发挥巨大贡献，但资金的分配、调度和使用难以下沉到基层的村级企业或村户，难以满足基层的资金需求。政策性金融资金在分配和调度使用上首先要加大对各村村级集体经济组织的实地调研和考察力度。坚持前期资金需求调查工作的精细化，坚持一村一策，一县一案，采取省市县三级联合，及时摸清村镇企业、村户等的资金需求，精准掌握基层农民、村镇企业、农村土地资产等基本信息，统筹处理资金需求问题；精准对接各类土地资源开发型、乡村旅游观光型、特色农业生产型等集体经济发展实体，提供金融服务，有效推动农村集体经济转型。同时，进一步扩大了村级"金融助理"的覆盖面，为村集体资金充当金融服务顾问，保证村级集体资产的保值增值。

3. 提高商业性金融和农村集体经济契合度

农村商业性金融体制尚不完善，农村金融服务供给也较为欠缺，2021年我国涉农贷款同比增加10.9%，小于同期其他各项信贷11.6%的增幅，同时，金融市场构成、业务主体、金融服务体系相对单一，机构、市场、产品、监管体系等都亟须进一步优化调整。因此，应明晰农村商业性金融机构服务"三农"的法律责任，接受法律监督，以服务乡村振兴大局。应进一步完善农村金融市场体制，整合协同，逐步建立农村银行、担保、抵押、保险、信托、券商等机构的各司其责、协同互补、共同服务农村经济的新格局；应进一步完善农村集体经济金融产品体系，促进城乡金融服务均等化；应进一步优化农村金融服务顶层设计，在机构、市场、产品、监督等体系协调发力，提高商业性金融与农村集体经济的契合度。

4. 坚持"三变改革"的农村金融发展思路

"资源变资产,资金变股金,农民变股东"的"三变改革"已连续三年写入中央一号文件,为我国农村集体经济产权改革探索出一条新思路,也成为当前农村金融服务工作的重点。"三变改革"对农村土地、资金、技术、人力资本等资产要素整合成农民"股份",既保证农民作为股东参与资产经营和收益的权利,也壮大集体经济组织资产。同时,强调明晰农村产权关系,为农村金融便利和创新提供新思路。"三变+金融"支持模式是将农村集体经济组织作为主要资产管理代表机构,将农村集体经济组织股份作为一项重要财产性权益,开展农村集体组织股权质押融资,有效盘活农村农业资产资源,实现将农户的集体股份转化为资本。通过激发各种金融机构的创新应用:"土地经营权+信用""土地经营权+其他抵押物""土地经营权+担保""土地经营权+平台"等混合抵押信贷模式,推动集体经济有效参与资本市场。

5. 加速应用金融科技赋能农村金融创新

当前,数字乡村战略正在迅速推进,金融科技的迅速成长为进一步赋能农村金融打下了良好的技术基础。一方面,通过加大对信息通讯设施的投入与建设工作,有利于促进农村数字化改造。通过推进我国农产品信息化、云计算技术、农产品人工智能的广泛运用,减少农村信息不对称和农民信贷交易成本,促进农村信息化建设与我国主要农产品生产的深入结合。另外,金融技术广泛应用还可以促进金融技术公司和银行的深度整合。借助网上银行、移动金融等电商服务,向农村低收入弱势群体倾斜,减少融资成本,提高农民用户的金融服务可得性,将普惠金融服务落到实处。

6. 提高农村金融的监管水平和资金安全性

一是应大力加强金融信息管理。按照数据性质、安全级别等因素实行严格分类,以防止数据滥采、滥用。同时加强对金融欺诈、非法集资等活动的严厉打击力度。积极地推动涉农信用信息平台建设,进一步健全部门之间的信息共享,进一步健全农村信用管理体系建设。二是进一步健全城乡金融监管体系。一方面，针对各个类型的涉农金融机构，设置区别化的金融监管方式，并进一步强化政策倾斜力度，以鼓励更多的金融服务进入农村。监管政策和制度要与时俱进，要与农村金融创新相适配。三是更加明晰中央政府与各地金融监管部门的监管职责，建立中央政府、各地金融监管机构的合理有效分工，保证农村金融工作安全运转。

农村集体经济金融供给一直是"三农"领域中不断探索的重点。要贯彻落实习近平总书记关于金融发展的重要论述，夯实农村集体经济发展壮大的金融基础，努力构建完善高质量的农村金融市场体系、机构体系和服务产品体系，以提高农村集体经济金融服务的适应性和有效性，推动农村集体经济发展，推动农村特色产业发展，进而协调城乡均衡发展。

第二章 "内置金融"思想起源与综述

"内置金融"，是相对"外置金融"模式而言，是一种建立在农村土地集体所有、农民自治合作、村社组织重塑基础上的资金互助模式。它不是由城市资本向农村提供资金，而是农民自己主导的资金融通模式，通过对承包地等产权的金融资本化，能增强农村发展的内生性动力。[①] "内置金融"构建在村社组织中的内化机制与农村集体经济组织强调资产权力内化于民存在共性。

一、"内置金融"思想背景分析

发展新型农村合作金融是解决农村农户信贷缺口、实现小农户内生发展动力、最终实现乡村振兴的有效路径。我国目前的农村经营方式是以小农户经营为主，因此，实施乡村振兴战略首先要鼓励和扶持农户自身发展，提升农户的内源性动力，通过发展各种新型农村合作金融壮大农村集体经济。

2013 年中央一号文件，第一次提出农民"组织化"的要求，这对多年的小农分散经济发展中的困境是一个新的突破。金融是农民合作组织的核心要素，是重建农民共同体的关键，日韩的农会、农协，收入的 80%—90% 来源于金融，因此要从金融突破来解决"三农"发展的问题。

---

① 卢玉娇、翟丽芳：《浅谈农村发展的内金融模式》，《时代金融》2014 年第 7 期.

（一）农村资金互助社的启动

从 2004 年开始，历年的中央 1 号文件都鼓励农民开展信用合作（资金互助）。2014 年中央 1 号文件更是明确提出："在管理民主、运行规范、带动力强的农民合作社和供销合作社基础上，培育发展农村合作金融，不断丰富农村地区金融机构类型。在坚持社员制、封闭性原则，在不对外吸储放贷、不支付固定回报的前提下，推动社区性农村资金互助组织发展。""内置金融"正是以行政村为边界，在原有村社组织内部构建资金互助功能，借贷不出村，实行村民社员制，资金来源于农民，用之于农民。农民享有收益权、决策权。村社型资金互助的运行正符合中央 1 号文件所规定的标准，是一种靠农村资源资产金融化、货币化、证券化和市场化，让农村数百万亿死资产变成活资本，从而拓展内需市场空间，促进乡村振兴[①]。

（二）"内置金融"模式的提出

长期以来，融资缺口一直成为阻碍我国乡村经济发展的瓶颈，是亟待解决的关键问题。十八届三中全会提出加快乡村金融制度创新，探索适合乡村金融体制改革的新路子。基于此，以三农学者李昌平为代表的一批学者研究、探索和试点"内置金融"的方式。李昌平（2015）认为，"三农"问题归根结底是经济问题，在土地农民集体所有和农户承包经营制度下，于村社组织内嵌入合作金融平台，资金来源于农，用途在农，利息归农，就把它称为"内置金融"，它可以实现农民土地等产权资本化，也有助于盘活农村市场经济，促进农民自力更生发展。刘建（2017）认为，在没有明确村社组织的具体辐射范围时，建立起以乡镇为边界的"内置金融"村社组织之前，村社"内置金融"起步可以从小从微，根据农户的需求来逐渐控制"内置金融"的规模。因地制宜是"内置金融"最好的出发点。"内置金融"是在重建村社共同体

---

① 温铁军：《重构宏观危机"软着陆"的乡土基础》，《探索与争鸣》2016 年第 4 期

的社会环境、意识形态和制度条件特别是土地制度极不充分的情况下的一种尝试性解决方案。

新型农村合作金融有多种模式,村社资金互助是其中的一种。从"内置金融"的实践来看,"内置金融"的前身就是在资金互助社的基础上的"金融功能创新体"。可以说,农民资金互助社的发展推动了"内置金融"模式的产生。在当前国内资金互助社成立的农村金融契机下,"内置金融"模式的搭建具有天然的乡土优势、社群优势和运营优势,而且符合当前促进农村集体经济发展的方向。

(三)"内置金融"村社的成立

中国乡建院的李昌平是首次提出"内置金融"理念的学者。河南农村综合改革实验区信阳市的郝堂村是"内置金融"的试验点,也是"内置金融"成功落地的典型案例。李昌平在当地政府的支持下带 5 万元种子资金[①]进入河南信阳郝堂村,选择以创建"内置金融——'夕阳红'养老资金互助社"作为突破口重建村社共同体,组织再造。2009 年 10 月郝堂村养老资金互助社成立,资本 34 万元(李昌平 5 万元,政府 10 万元,村敬老者 7 人 *2 万元 =14 万元,老人社员 15 人 *2000 元 =3 万元,村委会 2 万元)。李昌平、政府、村委会和 7 位敬老者的资金不参与分配。资金利息收入主要分配给老人社员,即资金互助利息收入用于敬老。

"内置金融"资金互助社的金融功能服务乡村特色产业:郝堂村集体向养老资金互助社贷款 160 万元,先后将农户 400 多亩坡地流转至村集体统一建设,土地增值收益归村民共享。村集体资产在不到两年的时间内增加了 2000 多万元[②]

郝堂村农户可以将自己的承包地和林地用于抵押贷款,也可将承包地和

---

① 种子资金:是指专门投资于机构初创时投资资金,一般由政府或金融机构提供。
② 数据来源:李昌平:《"内置金融"在村社共同体中的作用——郝堂实验的启示》,《银行家》2013 年第 8 期

林地自主流转给专业合作社经营。郝堂村建立了各种专业合作社、回乡青年创业合作社、农家乐合作社、郝堂村茶叶合作社，村集体注册了属于郝堂村民共享品牌。在特色产业发展的带动下，农民收入快速增长，村集体组织化程度越来越强。

二、"内置金融"组织机构性质

河南农村综合改革实验区信阳市的郝堂村是"内置金融"的试验点，也是内置金融成功落地的典型案例。其组织就是在"资金互助社"基础上的创新改革，是资金互助社基础上的"金融功能创新体"。所谓"内置"就是金融功能内化于"资金互助社"，体现了金融服务的功能，通常被称为"养老资金互助社"或"村社共同体"，将资金互助社以股份制的形式成立并开展金融工作。这种资金互助社在农民组织内部建立金融职能，通过农民土地承包经营权抵押贷款，让金融资源成为农民组织的经济基础。这种自发金融的收益必然归农民所有，这种模式也体现了农民主体地位。

目前"内置金融"的实践做法是在外部机构（中国乡建院）[①] 指导下，在政府种子资金的配合启动下，由村"两委"和部分乡贤主导，在村集体或村经济联社内部设立资金互助社。中国乡建院是李昌平等发起创建，目的是促使"内置金融"合作社实践的成功经验更快地推广到我国广大农村地区。目前，中国乡建院雇有 100 多名正式员工，他们已在将近 20 个省份协助了近百个"以内置金融（养老）为切入点的新农村建设及综合发展"示范村建设。

村民信用合作社创建于村社组织内部，以行政村为边界，以入社为主体，所有权、收益权都属于村社成员，由于内置于村社组织故被称为"内置金

---

① 中国乡建院是一家为乡村建设提供系统性、创新性解决方案的专业机构，2011 年由著名三农问题专家李昌平、生态画家孙君等一群从事乡村建设的实践者发起成立。乡建院由跨领域的专家团队引领，工作领域涵盖：规划设计与实施指导、内置金融与社区发展、环境治理、乡村经营、乡建培训等——摘自中国乡建院网站

融"，建立有"内置金融"合作社的村称为"内置金融村社"。①

2007 年中国银行保险监督管理委员会关于资金互助社出台的管理文件《农村资金互助社管理暂行规定》，根据该规定对资金互助社的设立、社员股权管理、经营管理、监督管理、合并、清算等做了详细的规定。根据该暂行规定，资金互助社是限于一个行政村的地域性。对于资金互助社还有如下几个要求：一是社员制、封闭性、社区性；二是不对外吸储放贷；三是不对吸收的资金支付固定回报；四是管理民主、运行规范、接受银监会等政府部门监督。

"内置金融"的特点一是以党的基层组织为基础的乡村治理，加强党组织的服务能力。二是集信用合作、购销合作、生产合作"三位一体"的模式；三是坚持农村土地集体所有，同时平滑土地抵押贷款和变现的机制；三是以村域为边界开展资金互助，由于乡村亲缘关系，信息相对透明化，有助于确保社员的信用和资金安全；在这种模式下，资金互助可以实现农民土地承包权等的金融资本化，提高资金的覆盖率和可得性，有助于增强农村发展的内生性动力。

三、"内置金融"核心思想逻辑

（一）内置于农民集体组织，实现集体组织再造。

"内置金融"是资金互助社内部金融功能的创新体，内置于农民集体经济组织，是以"内置金融"为切入点，进行村社等集体组织的再造，带动生产再发展和农村的再建设，目的是重建农民共同体，重塑农民主体性，是一种农民的服务型组织。这种内置金融功能的组织坚持资产产权集体所有制不变，在新的条件下探索集体经济的实现形式，同时也改善党在农村基层的地位。村社型资金互助是集"社区经济发展、社区建设、社区治理"三种职能

① 沈理平：《村社内置金融养老模式探索》，《南方农村》2017 年第 2 期。

为一体的新型农村合作组织。

在村社组织内部建立金融合作，农民除了可以以自有资金入股，也可自愿把土地承包权按实际转包价折价入股。集体组织保证农民的收益。农民可以用承包权抵押贷款，利息收入用于村里的养老。村社成员离乡进城，可以用此抵押变现。这方便了成员权的流动，有利于城乡资源的优化配置，同时加大集体资产规模，是一种综合性的自治组织。

（二）资金来之于农民，用之于农民。

"内置金融"村社的基础业务是资金互助。村社型资金互助秉承"借贷不出村"的封闭性原则，资金互助合作业务仅在行政村内部开展，资金互助的服务对象仅限于乡村社区内部的全体村民，是一种类似社区性质的合作金融。资金互助社的资金来源于农民，形成一个资金池。村民可以自愿投资入股成为资金互助社的一员。村社型互助组织的业务范围是在资金互助融通的基础上，为村民提供农产品购销、敬老养老、技术培训、产权流转、组织衔接项目等一系列服务。资金互助功能不仅服务于社员，即使未成为互助社的成员，村里的一员也能够享受资金互助社所提供的小额贷款、业务咨询、村民培训等服务。

村社作为集体经济组织，是村民集体资产的管理主体，是一个独立的市场主体，整合村民闲置资产、资源对外合作，通过统购统销、合作业务、开发特色产业等业务获得收益，拓展农村经济发展空间。

（三）"内置金融"功能服务于农民。

村社型资金互助模式以村民需求为导向，初期成立的村社资金互助主要为了解决村民养老和小农融资难的问题，"内置金融"的功能主要针对这两大问题进行设计。

"内置金融"通过资金互助和实现农民土地承包权内部抵押贷款，解决农户的资金需求；农民可以获得小额土地质押贷款、有效解决农民因为长期信用不对称以及资产抵押不足的情况，无法获得银行等外部金融支持的困境。

村社资金利息收入的分配用于养老，有效解决了农村人口养老

保障不足的问题。比如珠海斗门区石龙村"内置金融"《合作社章程》中，针对敬老、养老权利进行了专门规定，包括：（1）设置敬老社员：自愿入股合作社并承诺三年不要利息或分红的本村乡贤可以成为敬老社员，享有合作社当然理事或监事资格，并享有特别贷款担保权；（2）老人社员：本村年满 60 周岁、自愿缴纳一定资格股金的老年人可以成为老人社员，享有保底分红权和贷款管理权；（3）合作社每年收益的 30% 用于老年社员分红，包括保底分红和二次分红。[①] 农村是亲缘社会，"内置金融"发挥老人社员的引导作用，使农村社区中已有的崇老传统成为村社合作金融制度的重要支持基础，这不仅促进了农村金融创新，推动了农村的经济发展和升级，还带来了弘扬尊老、爱老的风气，增进了农村社会的和谐稳定。

（四）村社组织体现了股份制企业的基本治理结构。

资金互助社资金来源主要由入社社员按规定缴纳的资格股以及投资股组成。资格股一般有固定金额标准，投资股金额按个人投资意愿决定。其中，资格股与投资股均有投票权，一人一票，但资格股不参与分红，投资股参与分红。

资金互助社的治理结构体现了股份制企业的架构，分成权力机构、理事会和监事会。其中，社员代表大会是资金互助合作社的权力机构，兼具所有权、管理权和剩余利润分配权。根据"一人一票"的组织模式选出理事会和监事会。理事会是执行机构，由理事会代表进行日常事务的经营与管理，并且对管理人员给予低报酬或无报酬制。监事会是监督机构，对互助社的经营活动进行监督，防止出现资金风险。

---

① 沈理平：《村社内置金融养老模式探索》，《南方农村》2017 年第 2 期

（五）重点解决土地等承包权经营权等资金融通问题。

"内置金融"框架旨在建立起与农村资产产权相适应的金融制度体系，在村社"内置金融"组织里是可充分变现和有效经营的产权。"内置金融"重点解决土地等承包权经营权等资金融通问题。"内置金融"互助社给土地流转提供健康可持续的流转机制，以金融创新推进土地流转。土地流转要实现的目标，是实现农业水平、生产方式、生产关系的优化，实现土地在规模化经营后知识化和科技化的展现，实现土地流转后的资金融通问题，实现农村土地集约化经营。

在土地经营上，郝堂村通过从"内置金融"资金互助社贷款 160 万元注册，成立了负责土地经营的企业绿园公司，该公司是集体所有制公司。村民可以将土地等承包权和经营权作为折价存入资金互助社，土地经营权等流转至公司，绿园公司本着土地集体所有的底线思维，以市场思维经营土地资产。同时，绿园公司将土地集中起来，可以实现土地在乡村内部的二次流转，实现土地资源的合理优化配置，实现土地价值的最大化。

中国乡建院在"内置金融"的制度设计上注重利用村内土地抵押来促进土地流转和集中，一是可以满足部分农户的小额抵押贷款需求，二是可以推进农业规模化经营，实现资源的配置和与产业的对接，在"内置金融"互助社起步阶段是一种相对平稳的土地农业转型方式。

（六）调整和发展农村"三大关系"。

农民与农民关系、农业与市场关系、农村与政府关系是农村"三大关系"。"内置金融"互助社实施的金融支持模式，既解决了村民贷款需求无法满足的问题，又解决了农村养老互助保障问题。这种依靠乡村内部资金互助模式适应小农户经济为主的农村社会，提高了农民的组织化程度，调整了农民与农民之间、农民与村委、村政府之间的关系，在梳理农村关系的基础上，推动了新农村建设顺利进行和快速发展。

现代化农村集体经济，强调土地适度的规模经营。"内置金融"养老资金互助合作社，以金融作为推手，与专业合作社集合，深化村民组织化程度，构建村民集中、以村民为主体的产业组织，提高村民劳动力利用率和组织化水平，以村社集体组织为载体经营农村产业，提升产业运营专业水平和规模效益，调整农业和市场之间的关系，完善农业产业链各环节，创新挖掘农产品的附加值，发展农产品品牌，推动农业和服务业的融合发展，逐渐提升农业经济和特色产业。

四、"内置金融"金融功能设置

村社型资金互助模式以村民资金需求、发展需求为导向，初期成立的村社资金互助主要为了解决村民养老和小农户融资难的问题。随着"内置金融"资金互助社的不断探索和完善，金融功能旨在综合解决农民资金问题、农民保障问题、农村人才回流问题、农村农业产业发展问题和农村资源整合问题，以促进农村经济发展，促进城乡协调和均衡发展。"内置金融"主要实现以下功能：

（一）敬老养老保障功能

在"内置金融"村社型资金互助模式下，入股的资金利息大多用于老年社员的养老和分红，乡村老人的养老获得保障。同时，"内置金融"互助社的成立依托老人的权威和威望，资金的借贷通常需要村中有威望的老人的担保，这也使老人获得更多的尊重和爱戴。

（二）土地抵押流转功能

在村社型资金互助模式下，土地承包权和经营权可以在集体所有制的基础上实现抵押流转和转让变现。土地流转实现了土地资源的重新定价，土地的资本化促进了土地价值增值,土地抵押权的实现满足了农民贷款资金的需求。农民自愿把土地承包权按实际转包价折价入股,农民可以用承包权抵押贷款,村社成员离乡进城,可以用此抵押变现,方便了成员权的流动。

(三)资产资源抵押和流转功能

"内置金融"村社型资金互助的建立,实现了土地等资产在乡村内部可抵押和可流转,实现了农村土地生产的金融资本化。由于村社型资金互助具备将资产资源转化为"股权"的能力,以及实现资产资源规模化经营的能力,这就实现了农村资产投资入股、抵押贷款、流转变现的功能。这也解决了正规金融机构贷款的两大问题:缺乏有效抵押物以及小农信息不对称问题。

由于有了资产资源产权化的基础,也同时使得村民享有各项定价权,包括存贷利率定价、产品购销定价权等。

另一方面,"内置金融"互助社具有社员基础,这类村社可以形成集体经济组织,将农民的资产资源集中起来,以集体经济组织机构(合作社)更容易实现与外部市场交易,有利于与企业形成长期合作关系,为村民提供了稳定的销售渠道。有利于增加农户收入,提升农产品的品牌效应。

(四)服务小农的中介纽带功能

"内置金融"资金互助社可以将个体农户与城市配套服务连接起来。使农民享受保险、电商、养老、教育、供销一体化等服务,这作为个体无法享受。此外,"内置金融"盘活了农村资源,壮大了农村集体经济,有力缓解了融资难问题,有利于乡村特色产业的发展。

(五)发展壮大农村集体经济

以郝堂村为例,以"内置金融"资金互助合作为切入点,组织成立"夕阳红"养老资金互助社;乡村的资金、人力、土地、产业等各方面要素资源得到全面整合和配置。以村民为主，组织成立村集体公司"信阳市平桥区绿园生态旅游投资有限公司"，通过集体经济来培育村庄的自我造血功能，互助社和绿园公司一起构成了郝堂村的经济基础。①

可见，虽然"内置金融"互助社建设初期的一个重要目的是实现村民养老保障，但积极开展资金互助业务，以及"内置金融"金融功能的完善，最终目的是推进农村集体资产规模化，寻找适合农村经济发展的新型集体经济模式，促进农村集体经济的发展壮大，提高村社资金互助辐射范围内乡村经济发展才是资金互助组织长远发展的方向。②这种模式除了带来集体资产规模化效应，还能吸引在外务工青年回家乡创业，引导开发各种家乡品牌资产，发展乡村特色产业。

（六）综合体现利益相关者形成的合力功能③

"内置金融"互助社的落地，受益的主体不仅仅是村民，其中还牵涉众多的利益主体，是利益相关各方形成的合力的体现。以郝堂村为例，首先是地方政府。多年来，郝堂村政府致力于村庄的改造，长期聘请社会各界专家研究和讨论，这为郝堂村的成功改变，营造了良好的政策环境，积累了创新的思路。很多村民逐渐接受、采纳、并参与到郝堂村建设工作当中。其次是村干部。郝堂村的村干部，在不断的学习中，成为建设工作中重要的主导者。在乡土社会的土壤里，积极利用乡贤的作用，解决了诸多村民思想、乡村治理等问题。再次是农民。农民在村两委、乡贤、政府和知名学者的影响下，逐渐认可资金互助的作用，农民就开始积极介入到郝堂村改进工作当中，充分发挥农民的主体作用。最后是外来力量的推动。在中国乡建院平台的带动

---

① 黄涛，秦密密：《合作治理在乡村振兴中的运用研究》，《信阳师范学院学报》（哲学社会科学版）2021年第1期
② 肖贺男：《村社组织内置金融运营模式研究》，安徽农业大学硕士学位论文，2018年，第27页
③ 王小明：《郝堂新村建设经验研究》，信阳师范学院硕士学位论文，2015年，第33页。

下，很有不同领域的专业人士都为郝堂村的发展提出了宝贵建议，贡献了自己的力量。

"内置金融"互助社是综合性的村社一体组织，以村民为主体，在村社组织的带动下，有助于提升乡村整体治理能力，提升政府、基层组织、村民之间的和谐合作关系。

五、"内置金融"典型案例分析 [①]

（一）湖北省监利县王小垸村

王小垸村是洪湖西岸的一个渔村，共有人口 2600 人，占地 6000 亩。村民主营的农业以种稻谷和养殖螃蟹鱼虾为业。在过去，村民贷款难是王小垸村的痛点。进入 20 世纪 90 年代后，该村的村民在种植和养殖业上面临越来越多的困难，创收门路越来越窄。2005 年底，李昌平与当时的村支书李花清商议着手筹建村社内置合作金融——夕阳红养老资金互助合作社。

李昌平从村外为这个互助社筹措了 10 万元的"种子资金"，村集体为其匹配 25 万元"种子资金"，另外再动员村内部分较有威望的 60 岁以上的老人（当时是 86 位老人）入社，每人出资 2000 元。这样共筹集到了 87 万元的启动资金。按合作社的规定，李昌平和村集体提供的"种子资金"都不参与利润分配，内置金融运营所得到全部利润除部分用于积累外，全部用于给入社老人社员的分红，以体现互助社"资金互助促发展，利息收益敬老人"的宗旨。2006 年年初，王小垸村的养老资金互助合作社正式开业。

为了防控贷款坏账风险，合作社建立了一套风险防范制度：第一，贷款不出村，只有王小垸村的村民才能申请贷款；第二，60 岁以上的村民不能申

---

① 案例参考：中国社科院经济研究所课题组：《以内置金融启动乡村振兴的内生动力——中国乡建院"内置金融"试验的现实意义》，2019 年 3 月 11 日，https://illss.gdufs.edu.cn/info/1098/8682.htm。

请贷款，且开始时每户贷款额以 5 千元为上限，现在放宽到 20 万元；第三，贷款申请人须用自己的土地承包权为抵押，且按土地的年租金水平决定土地的抵押价值；第四，合作社内由老人小组根据所了解的信用信息负责贷款审批，根据贷款额度按要求增信：由老人或乡贤、社员提供担保；第五，选举老支书担任理事长，现任村书记担任监事长，村会计兼任会计，村支两委对"内置金融"监管；第六，"内置金融"在银行设立账户，绑定三个手机，每一笔借贷发生都通过手机转账，三个手机同时收到转账短信。还款也是直接存入银行账号，三个手机同时收到收款信息。

2006 年当年，王垸村的养老资金互助合作社共获利润 10 万多元，每个老人分红 500 元，积累 2 万元。从 2006 年以来，王小垸村养老资金互助社累计为村民贷款 3500 多万元，2018 年上半年放贷款超过 550 万。到 2018 年，互助社资金总额达到 500 多万元，形成公积金 10 万余元，且至今无呆坏账。200 多位老人社员人均累计分红 8560 元。①

互助合作社的发展给王小垸村的村民们提供了不断扩大的金融服务，有力地促进了全村农业经济的发展和升级。现在，王小垸村已经是当地的"虾稻共生、双水双绿"示范村，并成为中部地区小龙虾种苗和技术输出的重要基地。除此之外，"内置金融"的发展还带来了一些积极的社会效应。第一，村民高利贷需求大大降低，金融机构主动上门服务的意识增强；第二，由于互助社主要依托村内老人展开运营，提高了老人们在村内的社会地位，尊敬老人、孝顺老人的风气得以弘扬；第三，村级组织的服务能力显著提高，干群关系较和谐，村庄凝聚力得到增强；第四，过去村支两委主职经常变动，村级领导班子极不稳定，现在因为村级组织服务村民的能力强了，村支两委班子从 2005 年以来一直很稳定，被授予省市县先进党支部称号。

---

① 数据来源：中国社科院经济研究所课题组：《以内置金融启动乡村振兴的内生动力——中国乡建院"内置金融"试验的现实意义》，2019 年 3 月 11 日，https://illss.gdufs.edu.cn/info/1098/8682.htm。

（二）河南省信阳市平桥区郝堂村

郝堂村以前是一个山区贫困村，人口 2300 人，村域面积 20 平方公里。2009 年时郝堂村人均收入 4000 元左右，其中打工收入占 70%，农业收入占 30%。2009 年 10 月，郝堂村在中国乡建院的协助下组建了"夕阳红养老资金互助合作社"，初始资本金共 34 万元。其中，李昌平提供 5 万元，当地政府资助 10 万元，村内"贤人"（已致富 6 村民和村主任）7 人提供 14 万元，村内 15 位老人村民提供 3 万元（成为合作社的首批老人社员），村委会提供 2 万元。成立两年后，资金规模达到 650 万元。按照章程规定，政府、7 位贤人和李昌平的出资不参与分红，利息收入主要分配 (40%) 给老人社员。①

根据"内置金融"资金互助规定，村民向资金合作社贷款必须有两位入社老人担保，并经理事和监事中 70% 的人同意，且借款人必须以自己承包土地的使用权或者房屋所有权为抵押。合作社在放贷上坚持"几不贷"，即"家庭不和睦的不贷，有赌博、吸毒、懒惰嗜好的不贷，有不良贷款记录不贷"。由于合作社成员都是村里的老人，对村内居民的信息非常熟悉，因而不存在因信息不对称而无法贷款的问题。从 2009 年以来，资金互助社经营效益很好，资金规模不断扩大，每年分红额逐年提高，深受村民欢迎。

在此基础上，郝堂村开展大规模的乡村建设，发展当地特色文化产业。首先是进行乡村治理工作。以老人为主体开展垃圾分类和环境整治工作；第二步是推动土地流转，为了促进土地规模化经营，鼓励村民将土地承包权以折价方式入股资金互助社，土地得到集中收储。根据规划，村社集体从养老资金互助合作社贷款 170 万元支付村民，先后共收储集体建设用地 310 亩，用于民居建设及村内各种基础设施和公共设施的建设。随着土地经营逐步扩大，乡村建设不断推进，土地的价值迅速增长。

---

① 数据来源：中国社科院经济研究所课题组：《以内置金融启动乡村振兴的内生动力——中国乡建院"内置金融"试验的现实意义》，2019 年 3 月 11 日，https://illss.gdufs.edu.cn/info/1098/8682.htm。

郝堂村的试验得到了当地政府的大力支持。从 2011 年到 2015 年的郝堂村建设中，当地政府、村集体和村民总计投入将近 1.5 亿元。借助养老基金合作社的金融功能，郝堂村将村民的 400 多亩土地集中起来建设新农村，发展文化旅游业，实现土地增值，提高农民的收益。2013 年，郝堂村被住建部列入全国第一批 12 个"美丽宜居村庄示范"名单，还被农业部确定为全国"美丽乡村"首批创建试点乡村。

（三）湖北省鄂州市梁子湖区张远村

2013 年 8 月，鄂州市梁子湖区杨全意书记邀请李昌平到其蹲点的张远村考察，希望能在张远村复制郝堂村的改造做法。但张远村属于丘陵浅山农区，全村人口 1600 人，大部分人外出打工，大量农地处于抛荒和半抛荒状态，是一个典型的空心村。当时村内标准耕地的年租金仅有 100 元／亩左右，一般农地的平均年租金在 80 元／亩以下。李昌平考察后认为，张远村位置过于闭塞，首先要进行乡村治理工作。在交通条件和周边环境没有明显改善之前，不适宜使用郝堂村建设美丽乡村的做法。他给出的思路是，先建立村社"内置金融"，再依托"内置金融"功能实现土地集约经营。具体做法是，村民们将土地、林地和房屋等资产以"存款"的方式存入村"内置金融"，再以"存款"抵押贷款或者直接变现。村社"内置金融"将集中起来土地等资源进行规模化和集约经营，收益归村民所有。

梁子湖区政府接受了李昌平的建议，由区政府提供"种子资金"100 万元，中国乡建院匹配"种子资金"30 万元，动员张远村 7 位"乡贤"（已致富村民）出资 21 万元，再有 20 位入社老人集资 6 万元（每人 3000 元），同时也接受村民以现金、土地，或房屋折价入社。2013 年年底，以初始资金 189 万，张远村"内置（养老）银行"开业。

张远村"内置金融"起步后第一年贷出 160 万元，以后贷款量逐年递增，2018 年上半年的贷款规模为 1100 万元。且至今无一笔坏账。2018 年的利息收入可达 100 多万元。其中，40% 的利息收入分配给老人社员，人均分配将达到 2000 元。

张远村的内置"银行"启动之后，全村土地以"存款"方式入社，实现土地逐步集中，有利于开展连片经营。具体做法是对每亩地估价 8000 元，然后按存入时间的长短确定利率 (或 3%、4%、5%)，年底支付利息。在此基础上，张远村对全村土地采取"确权、确利、不确地"的方式确权到户。集中的农地经过整理后，张远村招来外部的农业公司到村里土地上进行规模化的有机稻米生产，当年每亩保底年地租额上涨到 400 元以上。

从 2013 年以来，张远村的面貌发生了显著变化。一是全村的土实现了规模化经营；二是劳动力不再都从事土地耕种，在"内置金融"的支持下，合作出外从事非农产业的村民多了；三是自主创业的村民越来越多，贷款需求不断增加，激活了乡村的内生发展动力；四是村两委班子凝聚力和服务能力极大提升，干群关系逐步和谐；五是村里的生态环境有了根本性的改善。有了这样的经济社会和生态条件，张远村本身的美丽乡村建设开始具备条件。李昌平的希望是，将来的张远村除了发展农业之外，还能发展养老服务业，吸引城里的老人来村里租房租地康乐养老，以内置金融为城市居民租房入住张远村提供"按揭贷款"服务。2018 年中央电视台《新闻调查》栏目采访报道了张远村的变化，对张远村的尝试给予了积极肯定。

六、"内置金融"机制演化创新

（一）"三变改革"思路

贵州六盘水市推行的"资源变资产，资金变股金，农民变股东"的"三变改革"已连续三年写入中央 1 号文件，为我国农村集体经济产权改革探索出一条可复制发展的新思路，也成为当前农村金融服务工作的重点。"三变改革"思路是"内置金融"机制的提升，无论是在资源资金的产权化交易、还是农民组织的再造、农村资源整合或乡村治理均提供了新的思路。"三变改革"思路和"内置金融"机制从根本性质上是一致的，都是为了提高农民的主体地位和主人翁意识，发展和壮大农村集体经济组织，依靠农村集体经济组织的发展实现农民的发家致富。

首先，"三变改革"对农村土地、资金、技术、人力资本等资产要素进行整合。资源变资产，就是村集体将集体土地、林地、水域等自然资源、房屋、建设用地等变为资产，通过合同或协议入股经营主体。资金变股金，是将政策性金融资金、村庄互助资金等量化为集体或农民持有的股金，在不改变资金用途的前提下投入到经营主体，形成股份。农民变股东，就是农民自愿将个人资源、资产、资金等入股到经营主体，参与分红成为股东。"三变改革"的关键在于"股份"，既保证农民作为股东参与资产经营和收益的权利，也一定程度上壮大了集体经济资产，从一定意义上，与村社"内置金融"的本质相同。

其次，通过对农村资源的整合，"三变改革"扫清传统农村金融障碍，激发了各种金融创新应用。比如，六盘水市财政金融协同，通过设立农业扶贫产业投资基金等撬动金融资本参与到"三变改革"中，各商业银行加大对"三变改革"项目的信贷投放力度，并推出针对"三变改革"企业的特色金融产品，同时积极做好"三变改革"企业辅导培育，推动企业有效参与资本市场，引导企业挂牌上市。"三变改革"为农村金融创新提供新思路。

（二）建立类似日本综合农协"信用联"设想

日本综合农协"信用联"是基层农协的资金调度部门，主要通过信贷业务来调剂各基层农协之间的资金余缺。由于资金调度涉及的基层农协数量众多，资金需求时效性强，资金需求量大，因此，"信农联"不允许从事信用事业以外的金融业务，避免出现资金被其他业务占用，基层农协资金出现缺口。在县域范围内，如果把各个"内置金融"村社联合起来，由政策性银行来指导、调度"内置金融"村社联合社的信用体系，就形成了以政策性银行、"内置金融"村社上下层级结构的农村土地金融服务体系。[①] 这种"内置金融"村社联合社的设想，一可以使"内置金融"村社资金在县域更大范围内进行调度和分配，扩大资金规模，同时可以加强村社之间的金融业务交流，加强业务合作和经验分享。第二，以政策性银行为指导的"内置金融"村社联合社，加强对资金存贷和资金合规使用的多头监管，形成县域内各家村社相互监督、政策性银行监督、银保监会监管的监管体系，避免出现单个"内置金融"资金互助社因资金使用不合规所出现的资金缺口风险。第三，作为以政策性银行指导的"内置金融"村社联合体，可以有效搭建资金互助组织和政策性银行之间的资金桥梁，提高政策性金融资金的使用效率。

（三）设立"'内置金融'村社推广基金"的设想

鉴于郝堂村"内置金融"互助社的建设思路，以及"复制型"资金互助社的运营模式，以建立一家外部推动机构，来推广"内置金融"村社模式，是提高"内置金融"模式推广的有效路径。因此可以设立"内置金融"村社推广基金，推广资金的性质可以是公益性质，也可以是商业性质，主要职责是"内置金融"互助社章程编写，开展合作金融业务培训以及提供辅导和咨询服务等。公益性质的推广基金配合各村社协调初创种子资金。而商业性质的推广基金可以以一定利率提供一部分初创种子资金。这种推广基金相比自发组织的资金互助社，可以节省自发建社的人力物力以及时间成本，提高了建社效率，在建设初期更具有组织协调优势。目前，全国各地区的"内置金融"互助社是由中国乡建院协助建设，因此，可以考虑在中国乡建院内设立"内置金融"推广基金。

---

① 李昌平、杨嘉翔：《村社内置合作金融促进乡村振兴及扩大内需的实践报告与政策性建议》，《当代世界社会主义问题》2019 年第 2 期。

（四）内外生金融契合[①]思路

"内生金融"制度与"外生金融"制度是金融制度的两种供给方式。"内置金融"资金互助是内生金融的一种典型方式。农村内生金融与农村小农经济存在天然强黏合性，具有强大的乡土生命力，是解决农村金融问题的重要努力方向。但是，无论是商业银行、政策性银行等外生金融组织，还是资金互助等内部合作金融组织，都不能独立地有效满足农村金融需求。一方面，外生金融无法从根本上解决农村信贷过程中信息不对称和产权不明晰等问题，且资本的逐利性使得其满足农村金融需求积极性不高。另一方面单个的内生金融组织资金规模过小，缺乏资金运营的专业性和自我约束机制，如果没有如商业银行等外生金融机构的资金支持，以及政府的持久性服务和指导，内生金融组织将很难发挥自身的效能。因此，消除农村金融内生和外生金融机构合作的障碍，以内外生制度联合的新视角进行模式的创新是深化农村金融改革的关键。基于此，要探索"内置金融"与"外置金融"的契合，包含衔接机制、风险管控、业务合作等框架的有机结合途径。

（五）合规监管体系的完善。

日本、韩国及我国台湾地区在农村合作金融领域制定了健全的法律法规，明确规定了监管单位，通过立法体系保障合作金融经营稳健，这使得基层农会（农协）信用部能够有序、合法地吸收本地农民存款，农民对基层农会（农协）也有信任感，这是开展合作金融服务的基础。我国多年来针对资金互助一直处于有政策但无配套措施阶段，政府一直没有出台相关实施性规范文件对这个行业进行监督管理，以及宏观制度设计，因此资金互助社或合作社开办信用合作服务一直游离于灰色边缘。以郝堂村的资金互助社为例，该

---

① 刘洋：《内外生金融契合支持农村合作经济模式研究》，山东财经大学硕士学位论文，2015年，第1页。

村想在银保监局获得身份审批，未获批准，转向"农民专业合作社"在工商局注册，而最后转民政局注册登记。可见，资金互助社法律身份的不确定导致机构外部监管缺位。

可见，资金互助社接受并配合政府相关部门的监督管理，遵守《农村资金互助管理暂行规定》，其他相关法律法规还没有完备，对村社资金互助的监督与管理缺乏力度，确保"内置金融"在法律框架内健康有序发展是当前的难点。目前，我国尚未出台专门的合作金融相关法律法规，一定程度上阻碍了传统村落"内置金融"发展的进程。当务之急是要在法律框架内尽快制定传统村落"内置金融"的监管规则、实施细则等规范性文件，明确资金互助社监管责任框架，才有利于村社资金互助合法合规发展，确保"内置金融"在法律框架内健康有序发展。

第三章　共同富裕背景下农村集体经济金融逻辑分析

　　我国农村集体经济是社会主义公有制经济的重要组成部分，是新农村建设的物质基础和保障力量，体现了共同富裕的社会主义本质原则。习近平总书记指出，要把发展壮大村级集体经济作为基层党组织一项重大而紧迫的任务来抓，着力破解农村集体经济发展难题。

　　党的十八大以来，习近平总书记高度重视金融在经济社会发展中的重要地位和作用，持续深化对金融本质和规律的认识，强调金融回归服务实体经济的本源。在乡村振兴引领下，全国各地都在进行农村金融的各项尝试，无论是外部正规金融还是村社内置金融，都在积极探索适合农村集体经济发展的金融支持方案。

　　自新农村建设以来，政府对农村集体经济发展实施多项金融扶持政策，加大财政投入，完善乡村各项公共基础设施建设，推进"五通"工程。同时推动各项商业性金融政策落地，推进金融机构助力乡村振兴。部分地区尤其是河南、湖北等地在农村集体经济金融实践上一直走在探索的前沿，在村委领导、乡贤、知名学者等的带动下开展各种金融创新尝试，积累了不少经验，但在推广普及和实施的有效性上仍十分艰难，资金仍然是农村集体经济发展的瓶颈。农村集体经济发展缺少有效的金融逻辑思路和优化的路径。

一、共同富裕与农村集体经济发展的内在逻辑

（一）农村集体经济发展和实现共同富裕政策内涵一致。

从经济发展的角度，共同富裕不仅要求整体经济发展水平达到一个较高水平，还要求不同群体间的收入差距处于合理的区间。根据世界银行 2020 年标准测算，当人均国民总收入达 12696 美元时，就进入高收入国家行列。2021 年，我国人均国民收入约为 1.24 万美元，已接近高收入国家门槛下限。但是，经济总量和人均国民收入在提高，因社会财富的多次、多渠道分配，居民人均收入的增长感受并不明显。并且 2020 年，我国居民收入的基尼系数为 0.468，已超过国际上贫富差距的警戒线基尼系数 0.4，城乡居民收入差距长期处于高位，共同富裕目标的实现面临巨大的挑战。随着我国城市化水平已达到 65% 的相对稳定阶段，缩小城乡差距，提高农民收入成为共同富裕的主要抓手。

习总书记在《摆脱贫困》中明确指出："实现共同富裕是社会主义的本质要求，需要依靠发展集体经济来支撑，从而进一步推动农村商品经济的快速发展，是振兴贫困地区农业发展的必由之路。"农村集体经济发展是目前我国解决农村经济问题的政策方向。虽然我国已经实现全面脱贫，但事实是仍然存在规模庞大的农村低收入人口，脱贫人口仍存在着较高的返贫风险。当前农村家庭收入构成中，仍有近一半的比重来自政府的转移性支出，农村内生致富动力不足。如果这部分农村居民的发展问题没有得到有效解决，共同富裕也就难以实现，可见，发展农村集体经济，推动农村人口致富与共同富裕目标的政策内涵是一致的。

（二）农村集体经济发展是实现共同富裕的基础。

习近平总书记曾明确指出，发展集体经济是解决农民收入问题、实现乡

村振兴和共同富裕的根本基础和重要保证。乡村集体经济振兴，既是一个经济问题，更是一个政治问题。2022 年中央一号文件强调：探索新型农村集体经济发展路径，推进农村集体经济改革促进农村内生式发展，壮大农村集体经济实力，这是当前解决农村问题的指导性意见。只有通过发展壮大集体经济，才能改变小农户经济的薄弱基础，才能使个体农民与现代市场接轨。我国城乡差距高位运行，要巩固脱贫效果，保证脱贫和致富的有效衔接，提高农民收入是实现共同富裕的关键抓手。一手抓致富，一手抓本质，农村集体经济的发展就成为我国社会主义优势下共同富裕目标实现的核心问题和必然选择。

二、农村集体经济发展的特殊金融逻辑

农村集体经济的本质和发展特征决定了集体经济有其特殊的金融逻辑。只有把握集体经济的金融逻辑，才能有效构建金融支持框架，推进金融落地效应。

（一）农村集体经济特性一定程度上体现了金融排斥效应

在计划经济为主的时代，集体经济为我国经济与社会发展做出巨大贡献。但随着市场经济不断推进，集体经济在国民经济发展中的比重和地位不断下降，其在金融服务获得上也呈一定程度的金融排斥现象。目前，农村地区的金融宏观渗透度和微观使用度均不高，农村集体经济正是处于这样一个金融环境，抑制了集体经济的振兴与发展。近些年，农村金融服务实践的兴起和发展，一定程度上能够起到缓解金融排斥的作用，具有一定的现实意义，但在金融实践的推广普及上仍十分艰难。

（二）农村集体经济零碎化空壳化导致正规金融渗透度低

我国农村实行"统分结合"的家庭联产承包责任制。由于长期强调"分"，

农村集体经济的土地等资产被平均分配到户，导致集体资产碎片化，所剩无几，集体经济的发展逐渐被淡化，大部分农村集体经济规模小，经济基础差，甚至是空壳状态，因此缺少正规金融资本的青睐，正规金融渗透度低。在资源分散、资金分散、农民分散的背景下，集体经济很难引入正规金融资金。分散化的资源、资金、农民与农村农业规模化、集约化、组织化、市场化发展之间的矛盾也越发突出。

（三）农村集体经济金融资金融通与农村土地流转密切相关

土地承包经营权是农民的主要资产，也是农村金融的核心要素。资金融通的根本依据是资产的赋值或可抵押性。我国农村土地流转要始终以农村土地集体所有制为立足点。由于土地承包经营制度，农村土地基本处在碎片化状态，土地承包经营权融资的效用无法被发挥出来。在土地分散的情况下，农村产业的组织化、规模化受到限制，农村集体经济很难引入外部金融资本，这就要求农户土地的承包权和经营权可以加速流转。可见，土地流转政策和当前农村集体经济发展、农村现代产业发展息息相关，亟须推动土地流转适应金融平滑的逻辑。

（四）农村集体经济金融模式要以实现村民主体性为目标

村民主体性体现村民的决定权和利益权。农村集体经济只有充分发挥农民主体性，才能保障农民的最大化利益，提升村社、村民的主导性和活力，才能从根本上解决农民致富的问题。农村集体经济组织由农民主体构成，农民主体性的充分发挥能避免在外部资本趋利下出现农民被置于农村经济发展红利之外。因此，农村集体经济金融要以村民为主导，选择适合村民自主、自愿、有效、有利的金融应用模式，实现村民的主体性。

（五）农村集体经济资金融通须以实体产业或项目为载体

从产业发展角度，许多农村金融资金缺少实体农业产业项目为载体。受限于农村当地的资源环境，受限于多数村集体组织的经营经验不足，经营水平有限，特别是缺乏产业引领和骨干型企业支撑，集体经济实力薄弱，许多农村产业单一，同质化严重，可持续性不强。部分农村集体经济组织刚登记办证就向银行申请贷款，申请业务却缺乏产业支撑基础，往往无法通过审批。农村集体经济金融扶持必须以产业为支撑，才能既满足资本的逐利性和风险防范，并推动现代农业发展，壮大农村集体经济组织的实力。

三、农村集体经济金融实践梳理及逻辑体现

农村集体经济金融实践主要分为内部金融和外部金融。金融实践要符合农村集体经济的特殊金融逻辑，才能有效促进集体经济的发展。

目前，外部金融主要依托正规金融机构的信贷业务和金融创新产品，比如"农股贷"；财政金融协同支农方式，"政银担"等模式。外部正规金融引导外部资本下乡，赋能农村集体经济发展和农村产业振兴；内部金融则以激活农村内生动力为出发点，主要是以村社为主体的非正规金融业务，比如资金互助社、合作社金融、互联网金融以及当前"三变"改革模式的农村集体经济产权制度变革融资方式。近几年有不少成功的金融实践以农村集体经济组织为主体。本文选取四个典型的金融实践案例，分别从其金融模式、金融逻辑以及对农民利益和农业发展的影响几个方面展开分析，通过剖析每个案例蕴含的集体经济金融逻辑，总结其特性和共性、经验与利弊。不同的金融实践只有满足集体经济特有的金融逻辑，才能有效推进农村集体经济发展，实现共同富裕的目标。

（一）资金互助社为主体的"内置金融"实践（集体经济组织主导）

资金互助社的"内置金融"实践的主要案例是"郝堂村模式""塘约模式""蒲韩模式"以及珠海"斗门模式"。这种金融模式均以村社为主体，体现村民的主体性，资金融通以内部融资为主。"郝堂村模式"是最早实现"内置金融"的乡村，在乡建院李昌平的大力推动下成功落地，是"内置金融"的成功案例，不仅解决了资金问题，也形成了良好的产业循环模式。"内置金融"充分尊重村民的自主性和创造性。一是充分发挥老人作为"乡贤"的社会作用，也促使乡村养老保障体系实现自我重建；另一方面，村民们的一般经济活动所需贷款可以通过资金互助社得以解决，免除了依附外部金融的弱势地位，自我造血，自我运转。

这种模式的不足之处是：集体组织主导型"内置金融"的实施依赖组织带头人或领导班子等骨干人才的领导能力，此外，"内置金融"资金来自村民，资金规模有限；农民经营管理水平也较低，这些需要发挥政府的作用，从顶层设计上提供资金互助社的种子资金，提供各类专业培训或指派科技特派员辅导，提高村民的综合经营管理能力。

表 3-1: 郝堂村"内置金融"互助社实践梳理

机构主体	金融模式	特点	集体经济金融逻辑	产业影响	农民利益
资金互助社（合作社）	内置金融（郝堂村模式）	成立以村民为主的资金互助社（在村社内部建立金融合作），资金来源主要为种子资金（政府或机构或乡贤引导投入）、村民自筹或自愿以土地承包权入股的方式。农民可以以自己的土地承包经营权在资金互助社实现抵押贷款，或者转让变现。资金互助社的资金利息主要用于农村老人养老。集体统一开发土地，土地的增值收益归农民共享。	1. 对冲金融排斥，另辟蹊径，寻找适合农民的内源融资模式。2. 坚持集体所有制不变，在新形势下探索集体经济的实现形式，通过资金互助社建立壮大农村集体组织，推动组织再造；3. 村民主导的金融模式，资金主要来源于村民；资金收益主要惠于村民。4. 村民的主体地位决定了集体经济组织的决策权属于村民。5. 资金互助社一定程度上盘活土地资产，实现规模经营。	1. 内置金融资金增值用于村庄改造、发展旅游产业，提高农民收入。2. 资金互助社土地基本由农业产业公司来运营，体现规模化和专业化，有效促进集体经济产权增值，促进现代农业发展。	1. 自主支配土地承包经营权，可入股可转让可变现。2. 农村老人养老获得保障。3. 熟人社会，资金互助以信用为主，适合农村社会。4. 土地资产有保障。5. 金融低风险。

（二）金融机构创新推进土地流转（外部资本主导）

这种土地流转信托模式体现了"村民—村委会（集体组织）—中信信托"的委托代理关系，以信托计划的方式运营土地资产，获得外部融资。这种外部资本主导的土地融资模式，一是以农村集体经济组织（村委会）作为资产委托方，土地性质不变，既符合社会主义本质，也遵循市场经济运作；二是创新土地流转方式，外部资金引入，在专业经营和资本规模上都有优势；三是盘活农民土地资产，促进农业现代化、规模化发展。四是农民获益的直接性、保障性和享有监督权利，具有主体性地位。但是不容忽视的是，许多外部金融资本的引入，可能会改变农村土地的用途，转向非农化、非粮化，把农业耕地变成远离农业的非农用地。可见，土地流转信托中，农业产业公司在土地经营用途上需要介入政府的评估和监督。

目前，农村土地流转加速，农村土地主要向新型经营主体（专业大户、农业企业等）集中，土地的集中规模化使得外部资本下乡的趋势加速。

表 3-2：土地流转信托模式实践梳理

机构主体	金融模式	特点	集体经济金融逻辑	产业影响	农民利益
中信集团（金融机构）	土地流转信托模式（二次代理模式）	"一次代理"委托：农民依据个人意愿，将土地使用权委托给村委会（代理）。"二次代理"信托：村委会将整理好的土地信托给信托公司。农民作为土地使用权人可以有效监督代理人（信托公司）；信托公司市场化运作土地资产，实现土地增值，保证农民获得信息透明度、保障其利益不被侵害。信托公司不经过村委会或有关机构直接将土地的固定收益和增值收益分配给农民本人。	1. 创新土地流转方式，改变金融排斥环境。2. 外部资金引入土地流转，知识、资本金额大；3. 以农村集体经济组织为服务对象，以土地流转为立足点。土地流转既符合社会主义，也符合市场经济；4. 资本应用于发展农村集体经济、促进农业现代化发展。5. 农民获益的直接性和监督权利。	1. 以市场化运作来盘活土地资产，实现土地的规模化、组织化、市场化经营。2. 土地基本由专业农业产业公司运营，体现规模化和专业化，有效促进集体经济产权增值，促进现代农业发展。	1. 农民对土地使用权的监督；2. 农民作为集体经济组织（委托者）成员之一享有作为委托者的权利。3. 土地运营增值的利益分配给农民，信托公司只收取佣金。4. 在土地使用权上体现农民自主意识。

（三）"三变改革"实践为农村集体经济金融创新提供新思路

贵州六盘水市推行的"资源变资产，资金变股金，农民变股东"的"三变改革"已连续三年写入中央 1 号文件，为我国农村集体经济产权改革探索出一条可复制发展的新思路，也成为当前农村金融服务工作的重点。

首先,"三变改革"对农村土地、资金、技术、人力资本等资产要素进行整合。"资源变资产",就是村集体将集体土地、林地、水域等自然资源、房屋、建设用地等变为资产,通过合同或协议入股经营主体。"资金变股金",是将政策性资金、合作社互助资金量化为集体或农民持有的股金,在不改变资金用途前提下投入到经营主体,形成股份。"农民变股东",就是农民自愿将个人资源、资产、资金等入股到经营主体,参与分红成为股东。"三变改革"的关键在于"股份",既保证农民作为股东参与资产经营和收益的权利,也一定程度上壮大了集体经济资产,从一定意义上,与村社"内置金融"的本质相同。

其次,通过对农村资源的整合,"三变改革"扫清传统农村金融障碍,激发了各种金融创新应用。比如,六盘水市财政金融协同,通过设立农业扶贫产业投资基金等撬动金融资本参与到"三变改革"中,各商业银行加大对"三变改革"项目的信贷投放力度,并推出针对"三变改革"企业的特色金融产品,同时积极做好"三变改革"企业辅导培育,推动企业有效参与资本市场,引导企业挂牌上市。"三变改革"为农村金融创新提供新思路。

(四)台湾省农会组织的金融信贷功能

1. 台湾省农会的成立模式

台湾地区农会组织受日本农协的影响较大。台湾农会的建立方式和韩国农协类似,由政府出资成立。黄迈(2017)认为,台湾地区相关政府部门对于合作金融采取的是出资培养、鼓励发展、机构成熟、政府退出的模式。在政府出资成立,机构有了稳定运营能力之后,政府通过盈余还款的方式退出基层机构。即台湾农会启动资金来源于政府,随着业务逐渐开展成熟,政府在收回出资额后退出农会。台湾省农会拥有经济、教育、社会等重要特性,被称为公益性农民社团组织。台湾省农会是由多个农民合作组织组成的一个联合系统,整体分为省、县(市)、乡镇基层农会三级:省农会、县市农会、乡镇农会、农事小组。农会会员包括个人会员和团体会员，每类会员又进一步分为正式会员和准会员。其基本机构和日本农协层级式结构相似。台湾省农会的金融业务是其生存和发展的基础，也为农民生产和农村建设提供了资金融通。

2. 台湾农会的金融业务

第一，基层农会信用部的营业网点遍布乡镇，为会员提供基础性金融业务。台湾基层农会的金融业务由信用部负责，为会员、赞助会员提供金融服务。信用部营业网点遍布各乡、镇、街、村，截至 2015 年年底，台湾省拥有农会信用部 306 家及其分支机构 863 家。[①] 台湾省农会信用部的业务主要包括存贷业务外、政府委托代理业务（如公库业务或代收业务）、"全国农业金库"委托业务（政策性专项贷款等业务）。

可见，台湾农会本着乡村地缘与人缘的关系，以其较高信用从会员、赞助会员和其他机关团体吸收大量存款。由于农业贷款具有周期长、项目多、风险高、单笔金额小的特点，农户信用信息较难搜集，多数商业金融机构不愿开展小额信贷业务，只有台湾农会愿意为农民提供小额信贷，满足了农户对小额信贷资金的需求。同时，农民可以利用土地、房屋向台湾农会信用部申请抵押贷款，这一定程度上也加速了农村资产的变现。台湾省农会金融服务是农民的主要资金来源。农会信用部成为台湾省最普及、最重要的基层金融机构，从其存款来源和贷款去向来看，基本实现了"取之于民用之于民"的目标。

第二，台湾省农会贷款期限相对较长，贷款方式多采用信用担保贷款。台湾省农会贷款期限相对较长，为扩大生产，购置、租用土地的融资期限最长可以达到 20 年，而娱乐观光、休闲农场建设的融资期限也可以达到 15 年，且贷款方式多采用信用担保贷款。

台湾省农会信用部的贷款资金来源主要是基层农会吸收的存款，还包括

---

① 郭艳云：《台湾农会组织的基本功能及其启示》，《中国集体经济》2017 年第 1 期

政府提供的政策性金融资金及农业行库的低息资金。由于存在政府补贴，台湾省农会为会员提供的贷款利率低到 1.5%，低于市场利率。可见，台湾省农会的金融服务为政府补贴农民提供了渠道。

第三，金融服务收入是台湾省农会的主要利润来源。金融服务是台湾省农会持续发展的经济支柱，农会信用部占据了农会实际损益的 80% 以上，金融服务收入是台湾农会的重要资金来源。"农会法"规定："各级农会信用部应就每年度所获收益中拨充辅导及推广事业费不得少于 10%。年度决算后，除了按'农业金融法'规定提取盈余的 50% 以上作为信用部的事业公积之外，剩余的信用部盈余一般全部补充为农会总盈余，用于补贴农会的管理部门、推广教育服务、农产品运销与加工服务等支出。"

第四，台湾农会的保险服务也是其金融功能的重要组成部分。台湾农会的保险服务体现了其福利性，同时也是农会金融功能的重要组成部分。保险服务主要包括家畜保险和农民健康保险。农民健康保险从 1985 年试行、1989 开始普及，保险费用个人承担 30%，行政部门承担 70%。1995 年开展普及性健康保险，2007 年 7 月开始为年满 65 周岁符合条件的老年农民及家属发放福利津贴。农会对会员的服务，依"农会法施行细则"规定不仅限会员可以终身享受服务，并且不限于会员本身，还包括其同户家属。

可见，台湾省农会的金融服务模式解决了"三农"资金问题，保障了农民福利，在小农金融治理上具有一定的借鉴意义。（1）这种模式保证了小农的小额借贷需求，（2）解决了农村农民的基本健康保险需求，目前大陆大部分农民没有缴交城市社保，导致各项健康保险缺位，可以参考台湾省农会的保险服务。（3）各种资产抵押物的抵押规模和效率、程序等可以给农村集体经济产权抵押提供经验。（4）农会金融法律的实施，也给当前农村金融法律法规的落地提供借鉴。（5）农会组织与大陆的合作社组织有相似之处，其金融模式与合作社金融极具参考价值，尤其目前"内置金融"互助社模式的实施，与台湾省农会金融模式，从初创成立、资金来源、资金使用到农民福利等，均可相互借鉴。

四、农村集体经济金融逻辑启示

习总书记明确提出，首先要"在资金投入方面采取有力措施，加快补齐农业农村发展短板"。要实现这一目标，就必须始终坚持以农民为中心的思想，就必须优化金融各项政策，优化现阶段农村金融支撑模式，构建合理高效的农村金融制度安排，提高农村金融供给有效性，使之成为发展壮大农村集体经济的重要举措。

（一）厘清农村集体经济特殊的金融逻辑

农村集体经济金融支持应满足以下几个条件：1. 从根本上解决改变农村集体经济长期以来的金融排斥环境。2. 在金融创新实践上坚持农村集体资产产权的集体所有制根本性质不变。3. 推进土地等集体经济资产确权、转让、交易等市场机制的完善。4. 保障农民依托集体产权的主体地位和收益权不受影响。5. 推动金融解决乡村建设和产业发展的持续性和稳定性。

（二）加大政策性金融资金支持的精准性

当前，政策性金融资金基本已实现城乡平衡，在农村基础设施建设和公共服务配套上发挥巨大贡献，但资金的分配、调度和使用难以下沉到基层的村级企业或村户，难以满足基层的资金需求。政策性金融资金在分配和调度使用上首先要加大对各村村级集体经济组织的实地调研和考察力度。坚持前期资金需求调查工作的精细化，坚持一村一策，一县一案，采取省市县三级联合，及时摸清村镇企业、村户等的资金需求，精准掌握基层农民、村镇企业、农村土地资产等基本信息，统筹处理资金需求问题；精准对接各类土地资源开发型、乡村旅游观光型、农村生产型等集体经济发展实体，提供融资扶持，有效推动农村集体经济转型。同时，进一步扩大了村级"金融助理"

的覆盖面，为村集体资金充当金融服务顾问，保证村级集体资产的保值增值。

（三）提高商业性金融和农村集体经济契合度

农村商业性金融体制尚不完善，农村金融服务供给也较为欠缺，2021 年我国涉农贷款同比增加 10.9%，小于同期其他各项信贷 11.6% 的增幅，同时，金融市场构成、业务主体、金融服务体系相对单一，机构、市场、产品、监管体系等都亟须进一步优化调整。因此，应明晰农村商业性金融机构服务"三农"的法律责任，接受法律监督，以服务乡村振兴大局。应进一步完善农村金融市场体制，整合协同，逐步建立农村银行、担保、抵押、保险、信托、券商等机构的各司其职、协同互补、共同服务农村经济的新格局；应进一步完善农村集体经济金融产品体系，促进城乡金融服务均等化；应进一步优化农村金融服务顶层设计，在机构、市场、产品、监督等体系协调发力，提高商业性金融服务农村集体经济的适应度。

（四）坚持"三变改革"的农村金融发展思路

"资源变资产，资金变股金，农民变股东"的"三变改革"已连续三年写入中央一号文件，为我国农村集体经济产权改革探索出一条新思路，也成为当前农村金融服务工作的重点。"三变改革"对农村土地、资金、技术、人力资本等资产要素整合成农民"股份"，既保证农民作为股东参与资产经营和收益的权利，也壮大集体经济组织资产。同时，强调明晰农村产权关系，为农村金融便利和创新提供新思路。"三变＋金融"支持模式将农村集体经济组织作为主要资产管理机构，将农村集体经济组织股份作为一项重要财产性权益，开展农村集体组织股权质押融资，有效盘活农村农业资产资源，实现将农户的集体股份转化为资本。通过激发各种金融机构的创新应用："土地经营权＋信用""土地经营权＋其他抵押物""土地经营权＋担保""土地经营权＋平台"等混合抵押信贷模式，推动集体经济有效参与资本市场。

（五）加速应用金融科技赋能农村金融创新

当前，数字乡村战略正在迅速推进，金融科技的迅速成长为进一步赋能农村金融打下了良好的技术基础。一方面，通过加大对信息通信设施的投入与建设工作，有利于促进农村数字化改造。通过推进我国农产品信息化、云计算技术、农产品人工智能的广泛运用，减少农村信息不对称和农民信贷交易成本，促进农村信息化建设与我国主要农产品生产的深入结合。另外，金融技术广泛应用还可以促进金融技术公司和银行的深度整合。借助网上银行、移动金融等电商服务，向农村低收入弱势群体倾斜，减少融资成本，提高农民用户的金融服务可得性，将普惠金融服务落到实处。

（六）提高农村金融的监管水平和资金安全性

一是应大力加强金融信息管理，按照数据性质、安全级别等因素实行严格分类，以防止数据滥采、滥用。同时加强对金融欺诈、非法集资等活动的严厉打击力度。积极地推动涉农信用信息平台建设，进一步健全部门之间的信息共享，进一步健全农村信用管理体系建设。二是进一步健全城乡金融监管体系，一方面，针对各个类型的涉农金融机构，设置区别化的金融监管方式，并进一步强化政策倾斜力度，以鼓励更多的金融服务进入农村。监管政策和制度要与时俱进，要与农村金融创新相适配。三是更加明晰中央政府与各地金融监管部门的监管职责，建立中央政府、各地金融监管机构的合理有效分工，保证农村金融工作安全运转。

农村集体经济金融供给一直是"三农"领域中不断探索的重点。要贯彻落实习近平总书记关于金融发展的重要论述，夯实农村集体经济发展壮大的金融基础，努力构建完善高质量的农村金融市场体系、机构体系和服务产品体系，以更好地适应农村集体经济金融服务需求，推动农村集体经济跨越式增长，推动农村特色产业发展，进而协调城乡均衡发展。

第四章　福建省传统村落"内置金融"模式构建的可行性研究

"内置金融",是相对外置金融模式(正规金融机构)而言,是一种建立在土地集体所有、村民主体地位、集体组织再造的基础上的资金互助模式。它不是由城市向农村提供贷款,而是农民自己主导的金融模式,通过对土地承包权经营权等产权的金融资本化,增强农村特色产业发展的内生性动力。目前,国内由乡建院带动兴起的"内置金融"互助社基本是在各村资金互助社基础上建立,将金融功能内置于资金互助社,将金融职权内化于农民互助组织。"内置金融"所体现的内化机制与农村集体经济组织内化于民发展的内在逻辑性一致。

一、福建省传统村落合作社金融体系发展现状

根据中国银保监会公布截至 2022 年 6 月银行业金融机构名单显示,全国备案资金互助社 39 家,其中福建省资金互助社数目为 0,多数资金互助社并未在福建银保监局备案。当前专业合作社普遍遇到融资瓶颈,具有资金互助功能的合作社也不多。2010 年中央一号文件提出:"支持有条件的合作社兴办农村资金互助社。"部分地区尝试在专业合作社中融入资金互助功能,或在专业合作社内兴办资金互助社。资金互助社具备"内置金融"最基本的资金

存贷互助功能。可见，福建省农村金融体系以外部金融为主，即由商业银行、农村信用社、村镇银行为主的金融机构服务体系。但事实是，由于乡镇村落区域大，金融业务区域大，福建省基层乡镇村落金融机构服务网点仍相对较少、金融服务人员少，人均服务的农户数量多，总体金融服务效率不高。农村外部金融服务现状不能满足农民生产经营的需求。此外，正规金融机构准入门槛较高，因此，大量民间小额信贷存于暗处，游离于政府监管之外，隐含极大风险。因此要加快培育农村资金互助社等新型金融组织，除了使农民有一个合法的投融资渠道，也可将大量小农民间借贷纳入监管范围，保障金融稳定。农村资金互助社是以当地农民为股东，在社员之间提供存贷款服务，贷款额度范围可控，也有助于调动农民发展生产、改善生活的积极性，也有利于壮大集体经济资产。

除了成立资金互助社，探索在原有专业合作社基础上组建资金互助社的模式，也是实现"内置金融"的载体基础。资金互助功能对合作社而言，首先可以解决融资问题，在村社内部实现资金互助有效满足内部成员对资金的需求，增强社员与合作社之间的黏性，提高组织化程度，从而发展壮大实力；第二，专业合作社与资金互助社的结合，使得产业合作与信用合作紧密联系，资金融通更具有时效性、可能性和导向性。第三，可以弥补农村外部金融供给不足，充分发挥资金互助功能，充当其金融支持合作社的载体，从而解决广大农户贷款难问题，促进我国农村产业的发展。但由于目前专门针对农民专业合作社资金互助制定相关的政策法规还不完善，《农民专业合作社法》在立法中没有金融问题列入其中，导致当前我国的农民专业合作社与农村合作金融严重脱节，成为"双线"发展趋势，严重地阻碍了我国农民专业合作组织的升级。[①] 接下来以案例来探讨"内置金融"的可能性和可操作性。

---

① 周法法：《福建省农民专业合作社资金互助的障碍因素及其运行机制研究》，福建农林大学硕士学位论文，2012年，第6页

二、"南安市外生型资金互助社"案例分析

农村资金互助社是解决农民融资难的一个重要路径。近年来，虽然在银保监会备案的资金互助社数量不多，但未备案的农村资金互助社数量在逐年增加。资金互助社通常是在村"两委"的组织自发建立。但农村逐渐出现一种外部推动的资金互助模式，并且这种模式可以进行复制推广，即"可复制的资金互助社模式"。因为这类资金互助社是在外部机构的推动下成立，也被称为"外生型资金互助社"。

"复制型"农村资金互助社属于外部力量推动的信用合作模式，通过复制学习已经具有相对成熟运营经验的资金互助社而建立。"复制型"农村资金互助社的构建一般是接受专门公司的全套服务，先进行当地的情况调查，在进行可行性分析后，模仿制定相关章程，在专门推广人员的指导下筹备建立。① 此模式的典型案例就是福建省南安市助民资金互助社。

（一）"外生型"资金互助社运营模式

1. 福建省南安市助民资金互助社是由外部专门机构"百信合投（厦门）"② 推动成立

"复制型"农村资金互助社通常由当地农业合作社带头人、村干部或乡贤，在外部专门服务机构的带动和指导下，按照"自愿、互助、民主、低盈利性"的原则出资成立。除了成立的方式不同，"复制型"资金互助社的业务和自发成立的资金互助社相似。基础业务都是基于社员的存贷业务，形成

---

① 施佰发、陈伟雄：《"复制型"农村资金互助社的运行问题及对策分析》，《农业部管理干部学院学报》2017 年第 6 期

② "百信合投"："北京百信之家"的全称是"北京百信之家管理咨询有限公司"。2011 年 12 月由来自江苏、浙江、河北、河南、吉林等地的 10 家农民资金互助社组织共同出资设立北京农信之家是"北京百信之家"的前身，其宗旨是传播农民信用合作文化，提高农民信用组织化程度，加强行业自律，为全国各地的资金合作组织提供咨询服务。"百信合投（厦门）"是百信联盟的一个分支，主要进行社区信用体系的建立，在各乡镇辅导建立资金互助社，并收取服务咨询费。

互助资金,社员具有决定权和收益权。另外,在发起的过程中,外部专门服务机构是关键角色,不仅要调查当地的金融供需情况,而且提供资金互助社的注册咨询、章程编写、资金管理、风险管控、业务协助等服务,解决了大部分村民因知识水平或专业水平有限,对资金互助社存在不少认知和操作上的困难。

作为外部推动机构,"百信合投"基于对南安市农村金融需求的调研,组织当地村干部或乡贤作为发起人,根据"自愿、互助、民主、独立"的原则吸纳社员。"百信合投"主要职责是合作社章程编写,开展合作金融业务培训以及提供辅导和咨询服务。与"内生型"农村资金互助社不同,这些节省了自发建社的人力物力以及时间成本,提高了建社效率。可见,"复制型"(外生型)农村资金互助社在建设初期更具有专业优势和组织协调优势。

2. 与自发建立的资金互助社类似,南安助民资金互助社由社员在建社后,形成社员代表大会,业务开展实行"一人一票"制

南安助民资金互助社股金来源主要由入社社员按规定缴纳的资格股(每人 100 元)以及投资股组成。其中,资格股与投资股都可获得投票权,一人一票,但资格股不参与分红,投资股参与分红。这基本是大部分资金互助社股份结构安排。

南安助民资金互助社权力机构是社员代表大会,兼具所有权、控制管理权和剩余利润的分配权。根据"一人一票"的组织模式选出理事会和监事会。理事会是执行机构,由理事会代表进行日常事务的经营与管理,并且对管理人员给予低报酬或无报酬制。监事会是监督机构,对互助社的经营活动进行监督。"百信合投"在经营过程中要对南安助民资金互助社进行专业业务上的指导,同时还要对其业务内容、业务方向进行引导与监督,防止出现资金风险。

3. 南安助民资金互助社的资金运营原则是入股投资享受收益,业务开展以满足小额信贷为主,贷款手续简便快捷

南安助民资金互助社的运行机制与多数资金互助社一致，农民是资金互助社的主体，也是决策主体。农村资金互助社建立在熟人社区的基础上，通过吸收村民闲置资金入股，累积互助资金，社员存款利率较高于农村信用合作社等金融机构，村民可以获得较高的储蓄回报，对于出资入股的社员给予预期的股金分红，因为有资金互助功能，小额贷款较易获得满足，且收取较低的贷款利率，贷款程序简便，适应农村借贷"少量且分散、高频率以及急需"的特点，为农户节省了大量的交易成本，"微利且可持续"。在资金互助社存贷过程中，"百信合投"专门服务机构提供技术指导和管理人员培训，并进行业务和资金监督。

4. 南安助民资金互助社有独特的资金风险控制机制

风险控制是所有金融组织不可避免的问题。首先，"外生型"资金互助社同"内生型"资金互助社一样，社员对彼此信用情况较为熟悉，拥有信息优势，资金把控上具有信息对称性和稳定的社员监督网络，绝大多数借款人能按期归还贷款，能较好地控制营运风险，发生呆账的可能性小。农村亲缘社会所特有的声誉机制、道德约束机制决定了农村信用体系的特殊性，以个人信用为主，小农户信贷是主要的资金需求。其次，就其资金互助社管理结构来看，贷款业务坚持"审慎经营"的原则，为防范资金风险，以小额贷款业务为主，中额贷款为辅，基本限制大额贷款，以此严格进行风险管理，保证一定的资本充足率。

其内部具有三重风险管控：（1）限制金额。单一社员的贷款数额不超过资本净额的14%；（2）联动控制。贷款时规定固定的借贷比例：股一贷十，即入股1000元资格股最多只能贷10000元，如多借须追加股金（投资股），由此形成了一种内部稳定的"股金额—贷款额"联动机制，既可以做到风险约束，又可以帮助互助社资金规模的扩大。（3）担保机制。南安助民合作社还规定所有借贷都需要一至两名互助社内成员进行担保，并且经社员大会一致同意，既减少了借贷风险，也能避免发起人控制。[①]

从外部监管来看，"复制型"的资金互助社会接受三重监管。政府会对资金互助社进行不定期检查，外部服务机构"百信合投"作为指导机构，也会定期对资金互助社的资金营运情况和业务决策情况进行评估和监督，保证资金互助社的有效运营，最大程度地减少操作风险的发生，此外，还有社员作为主体对资金互助社保持长期的监督。

（二）"复制型"资金互助社的特点和启示

从微观上看，与"内生型"资金互助社相比，由外部机构所推动的复制性资金互助社，从建社、章程规范、内部治理以及风险管理方面，均体现了专业性、规范性和高效率。这种模式既保障了村民的自主性和收益性，也弥补了农村金融小额贷款的真空地带。但由于资金互助社的成员主要是广大农民，农民资金有限，资金互助社难以形成大的资金规模。此外，小额贷款资金在用途上没有明确、有效的引导和限制，资金收益较低，资金互助社分红较低，也会反过来影响农民投资积极性。

从宏观上看，"复制型"农村资金互助社是在外部服务机构的协助下设立的，但同样也存在法律身份尴尬的现状。作为资金互助机构，只能在当地的工商部门或者农业部门注册登记。银监会对于大部分农村资金互助社的准入门槛依然很高，因此，大部分资金互助社并未在银保监会审批和备案在册。"复制型"农村资金互助社法律地位不明确，容易造成监管缺位，常常是监管的灰色地带。此外，由于知识水平和专业水平的限制，多数地方政府和基层干部对农民资金互助的意义认识不够深入，尚无法正确处理资金互助组织的业务，目前"百信合投（厦门）"推动成立的农村资金互助社都面临这一问题。

---

① 施佰发、陈伟雄：《"复制型"农村资金互助社的运行问题及对策分析》，《农业部管理干部学院学报》2017 年第 6 期

从实际运营来看，南安资金互助社目前的存款处在微盈利水平，尚未进行利润分配。"复制型"农村资金互助社是由外力推动而设立的，其成立和运作并未得到当地政府的重视。较低的社会认同度导致融资效率较低，大部分的农民处于观望状态，整体参与的意愿不高。

三、泉州"两社合一"案例分析

资金互助社的出现是针对农村金融供给体系的薄弱环节，引导入社的村民自愿把闲散资金集中起来，形成一定规模的互助资金，通过贷款的方式满足村民小额信贷的需求。因为资金互助社是村民自发组织，扎根于乡土，因特殊的亲缘性，互助社社员彼此了解信息，能及时有效、方便快捷地办理小额贷款，又能因熟人社会避免风险。相比正规金融机构贷款更有优势，是农村金融供给的有效补充。

资金互助社除了满足必要的小额信贷需求，同时能保护入社村民的基本利益。社员入股份额、互助交易及盈余分红等权利均有记录和保障，社员之间还互相监督，有利于农村村民的组织再造。

（一）专业合作社引入资金互助功能的意义

因普通农户较难从正规金融机构获得资金，如果专业合作社引入资金互助功能，将增加村民的入社意愿，带动专业合作社业务的发展。专业合作社具备资金互助的融资功能，还能带动合作社农产品产销，实现信用合作与生产销售的结合，促进专业合作社的综合发展，带动社员共同富裕。

此外，资金互助社的出现，使得村民有了交易成本较低的融资渠道，一定程度上挤压了不规范民间借贷如标会融资的生存空间，引导农村资金资源有序合规配置。在专业合作社基础上再建资金互助社，也是"内置金融"的一种尝试，为构建全方位的资金融通、农业保险及养老功能奠定基础。

（二）专业合作社引入资金互助功能的运作模式

根据《农村资金互助社管理暂行规定》，"资金互助社主要以吸收社员存款、接受社会捐赠和向其他银行机构借款作为资金来源"。在这三种资金来源中，由于村民收入水平较低，存款有限，社会捐赠是偶发性事件，因此资金互助社主要的资金来源是依托商业银行机构再融资。

泉州市专业合作社引入资金互助功能试点，选择运作规范、经营基础良好、规模较大的农民专业合作社，具体实施过程中应用三种模式，如表 4-1 所示。

表 4-1：泉州专业合作社引入资金互助模式 [①]

类别	运作模式
"银行 + 农民专业合作社 + 资金互助社" 模式	银行先将资金贷给资金互助社，再由资金互助社贷给农户，这样既可以充分发挥银行资金充裕的优势，也可以发挥资金互助社的信息优势，有效解决资金互助社资金不足和银行面临的信息不对称、交易成本过高等问题，也有利于解决资金的监管问题。
"政府部门 + 农民专业合作社 + 资金互助社" 模式	政府通过贴息、补助等支农资金，通过资金互助社转贷投入农村。在这种模式下，一是政府可对资金互助社的运作进行监督管理，二是政府的支农资金以农业项目的形式下拨，可以带动特色产业的发展。
"农民专业合作社 + 资金互助社" 模式。	这种模式以生产合作社为载体，由于合作社成员之间互相了解，资金信息透明化，资金互助抗风险能力较强。但资金规模往往较小。一般和前两种模式一样，需要依靠财政部门建立提供资金互助启动资金，或者由政策性金融发挥支农功能，以一定资金帮扶资金互助社的发展。

---

① 杨志强：《农民专业合作社内部资金互助模式探讨》，《福建金融》2011 年第 4 期

（三）专业合作社引入资金互助社模式的启示

1.专业合作社与资金互助社的社员基础具有天然契合性

因此，在专业合作社基础上再建资金互助社或引入资金互助社功能程序上较为便捷，宣传上易被接受。资金互助社金融功能的加持，进一步推动专业合作社的发展，进一步提高村民的组织化程度和自组织能力，也有利于壮大农村集体经济。

2.泉州市启动专业合作社再建资金互助社模式的政策面较积极宽松，积极探索普惠型金融

泉州市各级政府意识到资金互助社的金融纽带作用。资金互助可以帮助农民、扶持农业、发展集体经济。面对分散的小农经济，政府只有引导以专业合作社为基础，资金互助合作为纽带和助力，走专业合作与信用合作紧密结合之路①，才能使分散小农户集中成为组织化体系，并提升农业生产规模，发展集体经济。泉州市制定了鼓励农民专业合作社兴办资金互助社的政策，大力培育扶持"五有"农民专业合作示范社，市财政安排资金200万元重点扶持全市20家示范社及行业协会。

3.泉州具有数量较多、经营规模较大、业务较成熟的专业合作社

全市农民专业合作社无论是数量还是规模都处于福建省前列。农村资金互助社参照农民专业合作社管理模式，为每个社员入社、存贷、入股金额、股份确认、互助交易、盈余分红等事项提供指导帮助，因此每个社员在资金互助社的股权明晰，并且享有资金互助社的决策权、收益权和监督权。对有小额借款需求的本地农村小企业，也可通过入股资金互助社取得资金互助社股权，享有互助社提供的小额信贷服务，并且参与资金互助社的决策、管理和监督职能。

4.泉州"两社结合"的经验符合福建省推进"三位一体"综合合作的

---

① 杨志强：《农民专业合作社内部资金互助模式探讨》，《福建金融》2011年第4期

趋势

为深入贯彻《中共中央国务院关于全面推进乡村振兴加快农业农村现代化的意见》，推进福建省"三位一体"综合合作，根据《供销合作总社、中央农办、人民银行、银保监会关于开展生产、供销、信用"三位一体"综合合作试点的指导意见》，结合实际，福建省供销合作社、福建省委农办、福建省金融监管局、中国人民银行福州中心支行、福建银保监局印发了《福建省开展生产、供销、信用"三位一体"综合合作试点方案》。方案指出：推进基层组织建设，夯实"三位一体"组织基础；强化社有企业支撑，打造"三位一体"运营实体；开展农业社会化服务体系建设，打造"三位一体"综合服务平台；规范发展农民合作社，促进生产合作；强化流通服务功能，促进供销合作；开展多种形式的农村合作金融服务，促进信用合作。"三位一体"新型合作社模式是典型的农民专业合作社、供销合作社和农村信用合作社三方，机构联合，业务互补，功能合一的现代新型合作组织模式。

根据《福建省开展生产、供销、信用"三位一体"综合合作试点方案》，县级社、基层社要积极组织农民合作社成立资金互助社，或在农民合作社联合社设立服务中心，在成员间开展资金互助、余缺调剂，互帮互助。要坚持社员制、封闭性原则，在不以任何形式吸储或变相吸储、不对外投资和放贷、不支付固定回报的前提下，坚持封闭循环使用，既解决融资需求，又降低融资成本，真正起到成员间资金余缺调剂，互帮互助，促进共同发展的作用，彰显合作经济的优越性。①

四、福建省传统村落构建"内置金融"互助社探究

福建省近年各村镇在资金互助社的尝试主要分为三类：第一类由是村集体组织自发成立为满足小农小额贷款需求的"内生型"资金互助社。第二类

---

① 福建省社等五部门印发《福建省开展生产、供销、信用"三位一体"综合合作试点方案》，_https://new.qq.com/rain/a/20210928A0B0L700.

是由外部专业机构协助成立的"外生型"资金互助社。第三类是走"三位一体"的专业合作社、供销社与资金互助社结合的模式。无论是哪种模式，均为"内置金融"互助社的架建提供了充足的案例经验，以及打下坚实的人员基础、管理模式基础和资金运营基础，也体现了"内置金融"互助社的核心前提：一、解决小农信贷需求；二、实现村民主体性和组织再造；三、实现农村农业的规模效益，提高农民收入；四、以金融助力，发展特色产业。

纵观各国，解决村社组织资金瓶颈的有效办法是建立新型合作金融，为此，必须大力支持和引导村社组织发展自己的资金互助合作，以求根本上破解农户及合作社融资的难题，使农民组织在资金融通方面更加便捷有效，为乡村特色产业发展创造有利的条件。福建省目前尚未有具备"内置金融"功能的资金互助社，但其建社基础和经验已经较为成熟。

当前，福建省各村镇可以通过以下措施，推动"内置金融"体系构建。

一是转变思路，尝试以"资金互助社"为农村金融突破点。现阶段，正规金融资本下乡仍是主要的农村金融模式，这种模式使得村民融资难的问题没有得到解决。因此，应尝试转变思路发展"内置金融"，有效覆盖正规金融体系不能覆盖的地区和人群，填补其空缺，从根本上解决传统村落特色文化产业发展内生动力不足问题。同时，人才机制是发展"内置金融"的重点和难点。要针对性解决专业人才的供需问题。

二是鼓励"内生型"资金互助社进一步夯实资金存贷业务基础，保障社员利益，稳定群众基础，并进一步拓展"内置金融"功能框架，以养老保障功能、农业发展功能和农业保险功能等进一步推动"内生型"资金互助社功能完善，福利性功能更强，进而转化为"内置金融"互助社框架。

三是鼓励以"外生型"模式推动"内置金融"互助社落地。借鉴外部专业机构"百信合投"成立南安助民资金互助社的做法，以外部力量推动成立"内置金融"互助社。"外生型""内置金融"互助社一般由专门服务机构推动发起，当前全国各地的"内置金融"互助社由中国乡建院牵头指导和协助，

"内置金融"互助社通常是当地农业合作社带头人、村干部和乡贤，在专门服务机构的带动和指导下，按照"自愿、互助、民主、低盈利性"的原则出资发起成立互助社。基础业务是存贷业务，并且社员具有决定权和收益权。在发起的过程中，专门服务机构发挥关键作用，不仅调查当地的金融供需情况，而且提供资金互助社的注册咨询、章程编写、资金管理、风险管控、业务协助等服务，解决了大部分村民因知识水平或专业水平有限，对资金互助社存在不少认知和操作上的困难。在由外部机构所推动的复制型资金互助社，从建社、章程规范、内部治理以及风险管理方面，均体现了专业性、规范性和高效率。

四是鼓励资金互助社在法律允许范围内开展资金互助业务，这有利于提高资金互助社的规范性和社会认可度，有利于扩大资金互助社的社群基础和融资规模，将农户的小资本集合成大资本。"内置金融"互助社尚未纳入合规金融范畴，因此可以以发展资金互助社为契机，在资金互助社基础上再建"内置金融"功能。

五是鼓励资金互助合作社与农村金融机构对接，稳定资金互助社的融资来源。比如，采取"农村信用社＋农民资金互助合作社""村镇银行＋农民资金互助合作社"等模式，金融机构先依据集体经济组织产权贷款给合作社，合作社根据农户的条件与需要提供二次融资资金，以有效地解决农户融资难、担保难的问题。

六是鼓励农村合作金融的改革创新，因地创新。比如针对村社融资不足的问题，可以开展村社资产抵押，通过政府财政或金融机构贴息贷款，有效缓解合作社融资困境。当前，农村集体经济组织在确权后成为一种财产性权利，可以进行抵押或变现有效盘活农村资源，同时带动市场升值，实现农民集体股权转化为资金，并且对市场化运作具有重要意义。

第五章　日本、韩国、印度农村内生金融模式探究及启示

传统小农经济国家，由于都是以小农经济为主的农村经济形态，同时具有相似的文化背景，日韩农村金融的实践对我国农村金融的发展具有重要的参考意义。由于"三农"问题的特殊性，在农村金融发展中应重视合作金融的作用。农村经济的发展，离不开农村金融机构的支持，特别是离不开农村合作金融组织的支持。

一、日本综合农协金融模式

（一）日本农协历史发展

在过去，日本同中国一样，是一个以家庭经营为主的小农国家。日本农协的前身是"产业组合"。明治维新以后，日本借鉴德国经验，将分散的农民组织起来，建立了名为"产业协同组合"的合作经济组织，这就是日本农协的前身。该组织最初目的是开展农民之间的信用合作，因此也被界定为农民信用合作社。自从有了产业协同组合，日本有效解决了小农户贷款难问题，村民过去依赖高利贷的现状基本消失。

二战后，日本国内出现战后饥荒，农业出现瘫痪状态，民不聊生。日本意识到农业的重要性，必须优先发展农业，保障国民日常生活。因此，就形成了日本农业初期的"农业合作社"组织，把所有的农民联合起来，调动农民的生产积极性，解决长期以来地主与农民之间土地矛盾问题。土地问题是所有国家农村经济的核心问题。为了实现农民"耕者有其田"，1946 年制定《农地改革法》，政府从地主手中收买土地，再以较低价格卖给佃农，使几乎所有的农民都有了土地，从而确立了二战后日本农业家庭经营的基本制度。1952 年，日本又颁布《农地法》，严格限制土地转让。但分散的"家族经营"不利于社会化大生产和农业现代化，也不便于政府"指导"和管理，因此在这种农业背景下，1947 年 7 月，日本在全国范围内组建了农协，简称 JA。日本还制定了专门法律——《农业协同组合法》，明确了日本农协的地位和职能。

从日本农协的发展历程来看，日本政府审时度势，意识到农业发展对于国民经济的保障作用，意识到小农经济下组织、土地和资金三者的重要性，优先解决组织架设、土地分配和资金融通基础性问题。农协组织成立后，土地制度和资金制度双配套，立法和政策"双管齐下"，自此日本农村农业经济出现巨大转折，农村经济成了国民经济的重要贡献力量。

（二）日本农协运营机制

日本农协的出现使得日本农村形成以综合农协为主体的高度垄断的农业经济体系。所有的农民加入农协组织，成为农协会员。综合农协组织拥有从生产到最终销售的农业一体化模式。农协具备生产农用物资的工业，具备农作物种子体系，具备加工所有食品的工厂和作坊，具备农产品的专用销售渠道，同时还具备服务行业网络，如餐饮、商店、邮政、银行、医院、学校和文化等社会配套机构，这些资产全部归农协所有。此外，农协是日本政府有关"三农"政策的执行机构。政府对农业出台新的政策和主张，直接与综合农协组织挂钩，由农协执行和操作，提高了政策落地效率。基于综合农协的一体化运作，日本的农副产品完全达到自给自足，不依赖进口。日本这种农业模式是一种全封闭式的高度垄断的农业经济体系，任何个体和组织难以涉足，这种完全垄断性保障了国家农业的安全和发展。

日本农协会员和农协具有天然共同的利益关系。农协会员投资的主要目的是为了参与农协的各种活动，利用农协的各种事业机会。日本农协已经覆盖了日本全国的绝大部分地区。日本农协是以建造美好社区为目的，强调农协内部的和谐关系，在生产和生活中，本着互相帮助的精神，将组合团体的农家紧紧地联系在一起的协同组织。农协会员为了提高自己的生产效率和生活水平，利用农协的事业而加入农协。在农协营运方式上，农协会员实行一人一票，平等民主；农协的协同组合遵循协同、相互扶助的原则，可以实现会员之间的相互尊重，实现社会公平公正。为了这个目的，日本农协的主要业务除了存贷等信用事业以及保险业，还对协会成员的农业经营、生产技术和生活方面提供指导建议，还建立共同的购销平台，用以进行生产、生活资料的共同购入，农产品共同销售，农业生产、生活设施共同设置和利用。

可见，农协既是具有特殊性质的企业，也是具有农村社区性质的农民合作组织。日本农协以信用业务为中心，是建立在信用业务之上的综合农协。日本农协是综合性农协，为农民开展全方位业务，包括搭建农产品购销平台、生产技术指导、存贷业务、保险业务、教育、医疗以及公共基础设施建设。

（三）日本农协垄断性体系

垄断性是日本农村金融产业的典型特征。日本农村制度，就是以农协（JA：Japan Agricultural Co-operatives）为主体的垄断体系。自成立以来，日本农业协会是一个全方位垄断体系，没有任何一个自然人或企业可以参与到农村领域的竞争。直到 2001 年，日本政府才允许自然人进入农业领域。在日本，只有农协可以从事农村金融业务，基于政府对农协的综合性保障制度，农村资金资源才能留在农村而不外流，保证农村经济的金融供给。

基于垄断性，日本农村金融占到日本全国金融的 28%—30%。政府把支农财政补贴直接与日本农协金融相结合，即政府财政手段支持日本农协，通过农协金融服务农民。因此，日本综合农协还经营房地产、保险，超市，批发、加工、饭店、旅游等第三产业，多业态同步开展，保证可以分享产业链各个环节的综合收益，除此之外，日本农协还开展教育、医疗服务体系。可见，日本综合农协是农村系统中经济总量最大的一个体系。到 2011 年，日本政府放开准入门槛，允许日本企业参与农业领域竞争，但没有哪个企业能达到日本农协综合性能力水平。日本农协垄断了日本农村的产业，同时也承担了日本的基础公共服务，这样可以减轻政府财政负担，也让农业补贴得到有效管理。日本农协在日本政府财政支持下，即政府将垄断地位和权益赋予日本农协，农协保证把 50% 的收入返还农民，用以提高农民教育培训，搞农业推广。基于此运营体系，日本农村体系稳定，日本农民年收入高于城市平均收入。可见，日本的合作社金融，是综合性合作社，是"三位一体"的合作社体制。

（三）日本农协金融运营机制

日本农协为适应农村农业发展对金融供给需求的变化，在运营机制上做不断的尝试和改变。

1. 日本农协合作金融体系结构

日本农协金融运营是一种典型的合作金融体制。合作金融体系归农协组合员（即成员）所有，是一个由中央到地方独立的、具有融资功能的信用合作体系，内部结构细致分明。该模式依照行政区域的划分，在市町村、都道府县、全国三个层次分别设置了不同的机构，包括最高层的农林中央金融公库（中央）、第二层次的信用农业协同联合会（都道府县）以及第三层次的基层农协（市町村）。农户通过自愿出资参加基层农协成为农协组合员，基层农协再通过出资的形式组建信农联，信农联又出资组成农林中央金库。基层农协、信农联、农林中央金库三级机构虽是上下级关系，但只有经济上的往来，各为独立法人，实行独立核算、自主经营、自负盈亏，上一级对下一级组织的业务活动负有指导和监管责任。[①]

2. 日本农协金融业务体系

日本综合农协的合作金融体系是从中央到地方的层级式合作金融结构，各层级以行政区域划分，均为独立法人，自主经营，自负盈亏。业务层面上联系紧密，金融业务工作细致有序。从资金链环节上看，日本农协采用自下而上出资组建上一级机构的模式，这种模式保证了每一层级机构的群众性和稳定性，同时实现业务的精准性和相互监督的机制。日本农协还采用自上而下的管理模式，由中央金融公库在全国范围内统筹资金，并按政府指令进行资金调度，指导和支持信农联工作，并主要向大型农村基础设施和大型农、林、渔等项目和企业发放贷款。而信农联是基层农协的资金调度总指挥，主要通过信贷业务来调剂各基层农协之间的资金余缺。由于资金调度涉及的基层农协数量众多，资金需求时效性强，资金需求量大，因此，信农联不允许从事信用事业以外的金融业务，避免出现资金被其他业务占用，基层农协资金出现缺口。而基层农协直接面向农户，以农户利益为主，首要业务是以低利率向小农提供贷款，满足多数农户的生活生产的资金需求。

表 5-1：日本农协架构及运营机制

机构	基层农协	信用农业协同联合会	农林中央金融公库
行政区域	市町村	都道府县	中央
业务对象	普通组合员（农民）	基层农协为主	信用农业协同联合会
性质特点	公益性、数量多	专门从事信贷业务的部门，上通下达的中间机构	合作金融系统的"总行"

---

① 戎承法、李霖：《东亚地区发展合作金融的主要做法和启示》，《中国合作经济》2019 年第 8 期。

续表

机构	基层农协	信用农业协同联合会	农林中央金融公库
金融业务	主要满足农协组合员的生产生活存贷款、保险、供销等需求。一是利用农村的储蓄所向组合员提供存款,方便组合员存取;二是吸纳组合员存款后,向资金短缺的组合员提供利率较低的贷款;三是在不损害组合员利益的前提下,向非组合员提供贷款,但是贷款的额度不得超过总贷款额的20%,且禁止向房地产、股票、博彩、风俗等高风险、有损社会道德的领域发放贷款;四是经营结算业务和部分中间业务。	一是通过办理存贷款业务来调剂各基层农协之间的资金余缺;二是在满足辖区内部的基层农协的资金需求后,经营一些周期较长、数额较大的农业贷款;三是指导基层农协工作。与基层农协不同的是,根据日本《农业协同组合法》的规定,信农联不能兼营信用事业以外的其他金融业务,如保险、供销等其他业务。	在全国范围内对资金进行融通、清算,按照国家法令营运资金;协调各地信农联的资金调度,支持信农联的资金需求,指导信农联工作;发行农林债券;向农、林、渔相关大型企业发放贷款;向农村配套设施建设以及促进农村经济发展的公共团体发放贷款等。在满足信农联的资金需求后,也会向关联企业如生产化肥、农业机械等的大型企业发放贷款。

但是,从合作金融体系架构来看,日本农协自身并不"造血"的天性决定了政府需要为其提供持续补贴,具体包括税费优惠、贴息待遇、存款利息宽限等。除了合作金融体系外,日本农协还建立了两大涉农金融基本制度即农业信用保证制度和农业生产保险制度,后期还引入信用违约互换(CDS)等业务,逐步开发新的金融产品为农村金融提供有益补充,强化农业内部资金与外部资金的联合。

截至 2021 年 3 月末,基层农协银行是日本具有最多营业网点、超大资金规模的金融机构,个人存款金额高达 107 万亿日元,占整个日本金融机构个人存款的 11%,排在诸多商业大银行之前。信用合作事业(包括金融和保险)收益额为 11329 亿日元,占农协系统总收益的 66%;而农业供销事业(农资购买和农产品销售）收益额为 4282 亿日元，仅占总收益的 25%；农业技术服务则是公益服务，农协为此净投入 152 亿日元。由此可见，日本农协正常运转主要依赖于金融业务。[①]

3. 日本农协金融启示

第一，合作性金融和政策性金融相互配合，基本满足农村农业各项资金需求。日本农业发展资金，除了农产品销售收入外，主要来自政府财政补贴、农业灾害保险、政策性金融机构的长期优惠贷款以及农协的合作金融。其中，财政补贴主要满足农业发展中具有公共产品性质的基础设施建设资金需求；农业灾害保险主要帮助农民抵御各种自然灾害，但农民的人寿、财产等商业性保险则交给农协经营；政策性金融主要满足农村基础设施建设及现代农业固定资产投资需求；合作金融主要满足农户的经营性流动资金需求和消费资金需求。政策性金融和财政补贴的资金虽然都来自政府而非农协，但具体的资金往来业务都是由农协承办。

第二，日本农协促进农业发展，逐渐形成一个特殊的利益集团。日本农协和农民之间的密切关系，使得农协形成特殊的利益集团，影响政治走向。日本选举适用"票差格局"的制度，靠选区划分加重了农村选票权重，农村一票，最高顶城市五票，日本农村所能影响的议会席位数，占到了国会的 30% 左右。基于此，日本政府非常重视农协的特殊作用，往往在各项农村农业政策上，迫使政府优先考虑农协的需求。

第三，日本农协过度依赖金融造成的一些尴尬局面。日本农协主要以兼业农户为服务对象，无法满足大规模农户贷款优惠的要求，大规模农户开始脱离农协，自己销售农产品；二是农协金融部门从信用角度出发必然追求规模，逐渐远离基层农民，而农业供销和生产服务部门则要求贴近基层，但又过度依赖金融业务难以独立；三是为提高农业竞争力必须开展农地改革，促

[①] 数据来源：洪志杰：《日本农协对我国"三位一体"合作经济组织的启示》，《农民日报》2022-06-28。

进农地向有经营能力的人转移,但由于在工业化城镇化过程中,农地从生产资料逐渐变成资产,价值陡增,使已经不再从事农业的人也不愿意将农地卖给其他农民,因此农地一直处于分散化、碎片化状态甚至大量抛荒,农协由于对金融业务的严重依赖,被迫站到大量兼业户一边,容易成为农地改革的阻碍者。

二、韩国农协农村金融模式

(一)韩国农协的基本发展体系

韩国农协的基本形态前身是 20 世纪初期,地方政府许可、有法律地位成立的金融和产业组合组织,也存在一些民间自发的组合组织。当时韩国由日本占领,由于组合较为分散,规模小,缺少规范性,因此政府成立训示农会体系整合分散的组合以及各项业务,主要包括农业指导、农产品原料供应、设施运营等。

韩国综合农协是在特殊历史背景下自上而下政府推动成立,其"综合"的含义即信用与经济事业结合兼营。成立初期的农协法规定,农协中央会会长和基层农协组合长要由政府直接任命,农协就是政府农业政策的执行者。韩国农村金融模式是以韩国综合农协、农协银行及金融组合为主体的合作社金融。

韩国农协成立的目的是"提高农民在经济、社会和文化上的地位,推动农村建设的发展,最终实现城乡协调和国民经济均衡发展"。韩国农协是韩国农民自主合作组织,以经营经济事业、金融事业、教育指导事业为主的综合性合作组织,也是政府实施各项农村农业政策的合作机构。韩国农协的设立,具有一定的法律依据。《农业协同组合法》明确了韩国农协的性质地位和组织形式,依法保护了农协存在的合法权益,《信用协同组合法》规范了合作金融行为和保障,促进合作金融健康发展。

韩国农协的组织架构自下而上分为三级:组合员、基层农协到农协中央会。基层农协由韩国农民构成，出资即成为组合员，组合员构成基层农协的人员结构和资金来源。目前韩国农民中约 90% 都是基层农协的组合员，组合员选举组合长。目前 1100 多个基层农协涵盖韩国大部分乡镇，基层农协出资成立农协中央会，并且由各基层农协的组合长选举决定中央会会长。农协中央会在地区设立分支机构管理、协调和监督支持基层农协的工作，并成立农协经济控股和金融控股为代表的企业开展全国性经营活动。

韩国农协的各项事业包括经济事业、金融事业和教育指导事业。经济事业包括农业生产、加工、销售流通等产业链经营，开办农产品超市及大型卖场，为农民提供农产品经营的统一协助。金融事业是农协的核心事业，主要由农协银行开展各项金融业务，包括存贷款业务、信用卡业务、证券投资等常规性金融业务，以及针对农民的政策性贷款、信用业务和农业保险等，解决农民经营的资金需求、投资收益以及各种遇到的农业保障问题。教育指导事业主要为一些公益性的务农指导、组合员指导以及各地区的福利事业和国内外交流活动等。

（二）韩国农协的金融功能

韩国农村金融分为以中央会金融控股集团为主的第一金融层和以农协合作金融为主的第二金融层。中央会金融控股集团下包含农协银行、农协证券和农协保险等功能机构，以农协银行为主开展各项农村金融业务。第二金融层主要是各基层农协为独立主体的内部合作金融业务。

农协合作金融运营是基层农协的独立业务。各个基层农协合作金融业务是独立运作的。基层农协之间，以及基层农协与农协银行、中央会金融控股集团之间均采用相通的信息系统和管理系统，构成一体化的金融网络。中央会金融部门集中基层农协存款保证金和头寸进行资本运作，基层农协与农协银行的业务和信息也是相通的，并且与农协银行存在业务上的竞争关系。基层农协的合作金融业务收入来源于常规性金融业务收入，如存贷利差、互助保险收入等，保险理财等代销佣金以及中央会金融部门返还的利息、投资收益。

（三）韩国农协合作金融的发展特点

韩国农协合作金融的特点：一是针对农民需求的平民性金融。所开设的网点均在农村地区，并且以信用等级较低的客户为主要经营对象。二是针对个体农民客户需求的零售性金融。个人客户占比高达90%，信贷资金主要用于农民生产和消费。三是针对特定区域的地区性金融。服务范围地区化或经济圈的特点显著。

韩国农协合作金融发展至今，第一，基层农协资产规模不断扩大，资产规模高达约300万亿韩元，存款规模达245亿韩元，贷款规模达168亿韩元，贷款份额占比约50%。网点多达4600多家，客户量多达3000多万。第二，基层农协合作金融的"综合性"不断增强，金融网点及其他经济事业业务营业场所不断整合，比如超市、加油站、物流点等开展综合金融业务，从业人员均具备综合业务培训资历，金融业务采用统一的处理系统，体现一站式金融服务。第三，基层农协与农民之间的合作性不断加深。农户的生产活动与基层农协的物流、批发零售、加工、产业服务等息息相关，组合员的分红也与农协的利用程度有关，农户客户黏性增强，也促使更频繁、更长久地使用农协合作金融。基于此，基层农协在金融服务上提供更周到的服务，在风险跟踪也更加密切。第四，基层农协合作金融政策性优惠突出。基层农协存款收益可以免除15.4%的利息税。合作金融所承接的政策性贷款，99%的政府农业政策贷款通过农协金融实施，政府以极低的利率将贷款按农协合作金融的申报下发，农协以略高的利率贷款给农民和农业企业。基层农协在农业保险业务上实行互助保险，并且通过中央会再保险分担风险，遭遇特别风险情形下有损失补贴，农业政策保险有政府补贴和风险保证。

（四）韩国综合农协合作金融启示

韩国综合农协从成立起由韩国政府推动，具有很强的政府宏观调控和顶层设计基础，其设置和功能具有法律依据，是一种典型的自上而下推动的合作金融体系。从韩国综合农协合作金融的经验得到如下启示：

1. 政府的助力与合作

韩国综合农协是在特殊历史背景下自上而下政府推动成立，成立初期的农协法规定，农协中央会会长和基层农协组合长要由政府直接任命，农协就是政府农业政策的支撑。可见，韩国综合农协的成立具有较强的政府背景，这有利于韩国综合农协各项事业业务的顺利实施。此外，因为有政府的支持，韩国农协资金往往能投入较有前景的产业，还能享受地方政府配套扶持的政策条件，资金收益性大大提高。可见，合作金融体系的构建离不开政府的有效推动。

2. 普惠金融有效供给

韩国农协合作金融的特点：一是针对农民需求的平民性金融。所开设的网点均在农村地区，并且以信用等级较低的客户为主要经营对象。二是针对个体农民客户需求的零售性金融，个人客户占比高达90%，信贷资金主要用于农民生产和消费。三是针对特定区域的地区性金融。服务范围地区化或经济圈的特点显著。可见，韩国农协合作金融符合"普惠金融"的特点。"普惠金融"实现金融资源分配的平等和公平，尤其针对农村市场和农民主体，提供小额信贷的微型金融，实现金融的覆盖面、获得性，以及提供较低资金成本的资金。这种普惠金融的实施对于韩国农协其他事业的发展提供了有效助力。

3. 韩国合作金融具备供销社（专业合作社）的基础

合作金融落地离不开人财物的保障。韩国农协与农民之间的合作性密切，为农户开展各种合作社业务。农户的生产活动与基层农协的物流、批发零售、加工、产业服务等息息相关，组合员的分红也与农协的利用程度有关。可见，信用合作与产业合作相结合，可以促使农户客户与农协的黏性增强，也促使更频繁、更长久地使用农协合作金融，保持农协合作金融的持续性和稳定性。

我国小农经济的基础与日本、韩国十分相似，日韩农协在发展合作金融方面的做法和经验，具有很好的启示和借鉴意义。但由于国情不同，在相似问题上，解决问题的方向不同，因此，开展合作金融仍需基于国情，建设有中国特色的合作金融体系。

三、印度农村合作金融模式

近二十年来，印度经历着以第三产业为主导的经济增长阶段。但是，仍然有超过一半的印度人依赖于农业生活。农村人口仍然是印度经济增长的主要贡献者。印度农村金融的主要来源是国有银行、私人银行、信贷协会、合作银行等外部金融机构。从各金融机构的农村市场渗透率来看，地方农村银行和信贷协会虽然在农村区域分布网点较多，约 66% 左右市场渗透率，而在金融供给额度上，它们的贡献仅为 5.6%。而国有银行针对农村金融却提供大比例的金融供给，占 72% 左右。[①] 普惠金融是印度农村金融关注的焦点。自印度独立以来，历届政府均致力于推动融资机会与减少贫困之间的联系，印度金融部门的改革在加强农村地区资金获得性方面取得了重大成就，农村准入成为评估金融机构业绩的一个重要指标。国有商业银行被指示将其可贷款资金的 40% 以优惠性的利率贷款给农村农业部门。

印度政府自 20 世纪 60 年代开始建立并发展农村金融业务，目前已初步建立了多层次的农村金融服务体系。

（一）印度农村金融服务的结构化体系

1947 年，由印度储备银行的第一次农村债务调查显示，民间放债者和其

---

① 数据来源：Sreelata Biswas，Anup Kumar Saha:*Structural Transformation of Rural Finance in India: A Critical Review* Springer, New Delhi ,2013,pp1-2

他非正式贷款机构满足了 90% 以上的农村信贷需求。而正规银行金融机构仅占农村债务总额的 1% 左右。

独立后的印度农村金融的发展大致分为三个阶段。第一阶段是从 20 世纪 50 年代到 60 年代中期，以合作社为主要的信贷机构。第二阶段，20 世纪 70 年代和 80 年代，商业银行和皇家银行在机构信贷中发挥主导作用；从 20 世纪 90 年代初改革至今，银行体系发生重组，互助组织出现，小额信贷机构也大量出现。基于这三个阶段，可以将印度农村金融体系归纳为五个阶段，每个阶段的主导金融模式各有特点。

1. 合作社金融

引入合作社是印度农村金融制度化的最早尝试。印度的合作社信贷运动始于印度殖民时期，1904 年通过的《合作社法》。根据印度农村信贷调查（AIRCS，1954 年），合作社在这 50 年里信贷供给仅占农村信贷总额的不到 5%。高利贷者仍然是农村信贷的主要供给者，拥有超过三分之二的市场份额。合作社的金融作用在印度独立后的二十年里仍然供给无效。在印度第四个五年计划（即 1969—1974 年）之后，合作社金融逐渐开始生效。1971 年，合作社信贷在农村信贷总额中的份额超过了 20%。虽然合作社信用在农村信贷总额中的比例有所增加，但从 1971 年至 1987 年，合作社信贷在机构信用总额中的比例开始下降，一直到 2004 年，基本保持在 50% 的比例水平。此后，合作社信贷大幅下跌，目前还继续下跌。目前，合作社只提供了农村机构信贷的五分之一。

2. 银行国有化以及以商业银行为主导的农村金融体系

自 1969 年印度实行银行国有化以来，计划商业银行（SCBs）在机构信贷总额中的份额逐渐增加。在银行国有化后，印度储备银行强制要求商业银行覆盖没有开设银行机构的农村地区。根据印度储备银行的指令，每家银行必须在没有银行机构的农村地区开设至少三家分行。1977 年，印度储备银行的进一步指令将银行与非银行许可证比率提高到 1：4 的最高点。尽管印度储备银行在独立后 20 年里，一直强调提高机构信贷的份额，但到 1971 年，商业银行占农村信贷总额的份额仅为 2.4%。银行国有化使得商业银行积极介入农村金融领域。到 1999 年，这一比例一直保持在 40%—45% 之间，在那之后逐年下降。自 2001 年以来，SCB 的份额逐渐增加，在信贷供给上逐渐占据主导地位。但 SCB 信贷存在一个不均等问题，印度超过 60% 的农民拥有小于 2 公顷的农业用地。同时这部分小农户获得的 SCB 信贷比重为 25% 左右，而发放给大农场主的贷款总额是小农户的两倍多。基于此，1976 年，印度政府尝试通过建立区域农村银行（RRBs）来解决小农贷款不足的问题。目前，农村银行在农村信贷总机构信贷中的比例超过 10%。

3. 建立 NABARD 实现银行与 SHGs 联动

随着 1982 年 7 月国家农业和农村发展银行（NABARD）成立，农村信贷状况发生了巨大的变化。政府将 NABARD 在农村信贷中的作用从"农业发展"扩大到"农村发展"。NABARD 被授权扮演双重角色：首先作为印度储备银行的替代者，成为农村信贷的最高机构；其次，作为一个再融资机构。它批准国家合作银行、地方农村银行、土地开发银行和其他经印度储备银行或政府批准的金融机构的贷款。NABARD 的普惠金融体现在推进银行与 SHG 的联系。NABARD 以非常低的利率为银行提供再融资支持，以为 SHG 融资。银行支持 SHG 的另一个重要目标是实现妇女贷款计划，使农村妇女获得机构信贷，因为大多数 SHG 是由妇女成员构成。因此，通过这一创新，经济赋权带动农村妇女权利的实现。在过去的二十年里，SCG 和银行联动计划显著增长。

政府于 1995—1996 年在 NABARD 引入了农村基础设施发展基金(RIDF)，以弥补商业银行的农村银行信贷缺口。该基金用于资助各种农村基础设施项目，如灌溉、道路、桥梁、流域、冷藏、渔业和内陆地区水道开发等。

4. 小额信贷引进

印度农村信贷体系制度化的最新创新是引入小额信贷。它是一种普惠金融手段。NABARD 和 RBI 将小额信贷定义为"向穷人提供少量信贷和其他金融服务和产品，使他们能够提高收入水平和提高生活水平"（NABARD 2000；印度储备银行 1999）。

印度的小额信贷部门有两种渠道：SHG 银行联系（SBL）和小额信贷机构（小额信贷机构）。商业银行贷款主要以抵押品为基础，向 SHG 发放的贷款主要用于生产目的，忽略了农村家庭的消费需求。此外，商业银行缺少普惠金融的动力。这些问题在小额信贷机构的模式中得到了克服。它已发展成为一种有吸引力和具有成本效益的机制，以向农民提供金融服务，同时，小额贷款机构的还款率高于银行机构。小额贷款机构的违约率最高仅为 10%，而商业银行的违约率高达 40%。

5. 小额信贷商业化

印度的小额信贷机构一方面有非营利性的动机，另一方面有利润最大化的长期生存能力的信贷支付能力。印度的小额信贷机构大致可分为三类：（1）非政府组织小额金融机构；（2）合作小额金融机构；（3）非银行金融公司（NBFCs）小额金融机构。非政府组织综合金融机构是在非营利组织的基础上建立的，而 NBFC 综合金融机构是在健全的商业模式上建立的。印度最大的 NBFC 银行 SKS 小额信贷最近在证券交易所上市，以扩大其资本基础。与正规的银行体系相比，小额信贷机构在覆盖农村穷人方面具有积极性和创新性。它们不仅为生产目的提供贷款，而且还为消费目的提供贷款。然而，部分 NBFC 收取非常高的利率，在推动小额信贷机构的信贷方面缺乏透明度；穷人被故意排除在获得信贷之外，因此，这些小额信贷机构的信贷资金数量显著减少。

（二）印度农村金融服务体系存在的不足

印度构建的全方位、多层次的农村金融体系，即政策性金融机构、地方农村银行、农村合作社金融、小额信贷机构等多家金融机构及其分支渗透到农村地区，大大提高了农村金融的可获得性。从农村金融供给占比看，正规机构金融满足农村地区三分之二以上的信贷需求，印度农村资金融通很大程度上依赖于正规机构金融的支持。这与印度政府长期以来的宏观指示有关，农村信贷支持作为各家金融机构承担的一种社会责任，具有普惠福利的特性。

虽然金融机构数量渗透率高，这种高度集中型的农村金融体系存在一定不足。首先以政府为主导的高度集中型的农村金融体系，越来越不适应农村经济发展的要求。农村金融体系效率低下，管理成本高，资金基础薄弱，呆坏账较多，严重影响了印度农村经济的发展。信贷需求仍存在不小的缺口，尤其是小农、贫农的信贷需求仍无法获得商业性金融机构的支持；二是正规金融机构发放的农村信贷主要满足生产需求，即农业信贷额度较高，收益较高，比如向农民提供购买各种农业机械设备、购买牲畜或开发农作物等的直接贷款，还向有关农业机构提供间接贷款，比如向农产品销售或加工机构、土地开发银行、采购粮食的机构等提供贷款。而农民的消费信贷需求仍存在缺口。印度政府强制商业银行大量设立农村网点，导致银行经营效率低下，由于资本的逐利性，基于效率考量，商业银行开始缩减农村网点，商业型金融在农村金融中占比逐渐下降。

（三）印度农村金融体系构建的启示

健全的农村金融体系和良好的信贷供给体制是农村经济发展的重要支撑。通过印度农村金融体系的分析，得到以下几点启示：

1. 印度农村金融体系宏观顶层设计作用凸显

印度构建结构化农村金融体系是在政府主导和行政命令推动下进行，有效实现农村金融可获得率及农村金融渗透率快速增长，商业银行等金融机构大量开设农村网点，充分体现印度政府高度重视农村金融工作，同时做好顶层设计，协调财政金融部门及农业部门构建全方位、多层次的农村金融体系。各国在城市化进程中，资本的逐利性决定了农村金融供给极易被金融资本市场边缘化，因此，农村金融体系的构建启动必然要依靠政府的宏观设计和行政干预。

2. 印度农村金融体系构建过程中行政干预过强

在政府的高度集中性指导和行政干预下，商业银行机构快速铺设农村营业网点，提高了农村金融资金铺货效率。但由于小农信贷收益与资本市场利益相背离，导致农村实际金融供给不如预期，农村金融体系服务效率低下，不能有效覆盖农村信贷需求缺口，并且出现银行机构管理成本过高，资金基础薄弱，呆坏账较多等各种问题，严重影响印度农村经济的发展。因此，印度政府在 20 世纪 90 年代启动农村金融改革，放松对农村金融机构的管制，实现农村金融机构以市场为导向配置资金，根据农村市场需求进行金融创新。同时制定农村金融机构规范性经营标准，业务开展标准化和透明化，避免了更多经营风险，贷款回收率逐步上升，不良资产比例下降。

3. 以立法提升金融机构覆盖面和信贷投放水平

印度农村金融法律框架较健全。为确保农村金融供给的覆盖面，印度在《印度储备银行法案》《地区农业银行法》《农村信用合作社法》等有关法律，对农村金融机构开设网点提出要求，农村金融机构的布设具有法律依据。而我国的农村金融机构缺乏专门、明确的法律规范。不仅不利于农村金融的法治化进程，也会导致各项交易成本的上升。因此，农村金融法律框架亟须建构和完善，做到有法可依，以专业法规保障农村金融机构健康发展。

4. 政府对合作金融的干预过多

印度合作金融的发展是一个政府干预的过程。1904 年印度政府通过合作社法案。合作社成立之初是以促进农户和手工业者的互助为目的。但是 1919 年合作社的管理权开始转移至政府。1955 起，合作社由政府直接干预，如强制开展合作银行的分立与合并，银行经营决策的投票权、决议的签发、监督等权力都归政府管理。政府的干预严重破坏了合作社互助的基础，合作金融的优势无法发挥，很大程度上限制了合作金融在印度的发展。从各国农村金融发展历程看,合作金融以农户为主体,以资金和经营互助为主要职能,适合以小农为主体的农村发展模式。因此,大力发展合作金融为主导的农村金融模式,有利于调动农民的积极性,强化农村发展的内生动力。

第二篇 "内置金融"与传统村落
　　　　　　　　产业发展

第六章　农村金融对传统村落经济发展
的模型研究

一、"金融"要素的内涵分析

金融对经济发展的作用是多方面的：资金融通、金融资源、金融产业、金融工具、金融媒介等，或者和一些概念紧密联系，比如资本、资金、货币、投资、融资、银行、证券等，这些提法经常交叉替代和使用。那么金融究竟是什么？金融就是货币资金的融通，以货币资金本身为经营对象和目的，通过货币融通使货币增值。现今的货币融通以金融市场为中心，以融资、投资为主要活动，以银行、证券、基金、合作社等为机构。

"金融"可以被理解为资金融通、金融资源、金融产业、金融工具、金融组织。从经济学角度，金融转化为实物资本。某种意义上，"金融"就是关于如何组织货币资金并产生增值的模式。经济也只有在我们寻找到更好的组织资金货币的方式时，才能使经济在原有生产要素的基础上获得持续的增长。"金融"成为经济可持续发展的一种动力。金融对生产的贡献和经济的发展，在两个领域展开：一个是生产领域，生产类的产业资本要获得剩余价值；另一个是金融产业领域，金融资本要获得股息、利息以及金融资产差价的收益。金融对经济发展的促进作用很大程度上通过这两个领域实现。农村金融对传统村落特色产业发展的影响，也要基于这两个大的领域。但是农村金融是一个特殊的生产和市场环境，金融的特点具有很大的"普惠性"，金融影响的领域更多体现在生产类的产业资本领域，而对于金融资本领域的逐利性，不是考察农村金融的重点，即"金融要回归实体经济"。

1. 资金融通

商业性金融、政策性金融和合作社金融体系，以低息的方式满足小农的小额生产性信贷需求，满足特色产业发展所需的资金，满足各种农村农业项目的融资需求。这就需要农村金融创造各种资金融通的模式，满足农村资金需求。当前，我国农村资金融通的主要目的还体现在保障国家粮食安全，不发生规模性返贫；夯实现代农业基础，促进农业产业发展；这就需要加大财政投入，强化金融服务。

2. 金融资源

农村金融资源的使用就是要有效活化和转化为农村生产资源。比如资金用于开发治理已经抛荒的耕地资源，让村民有地可种；资金用于创办和管理资金互助合作社，村民可以利用这些资金来改善自己的生活水平，开发文化旅游资源，吸引游客到村里旅游，发展旅游业，提高村民的收入水平。

3. 金融市场

我国乡镇村落区域大，乡土资源多，金融业务市场区域大，但由于基层乡镇村落金融机构服务网点仍相对较少、金融服务人员少，人均服务的农户数量多，总体金融市场服务效率不高。正规金融机构信贷准入门槛较高，正规金融服务现状不能满足农民生产经营的需求。因此，大量民间小额信贷存于暗处，游离于政府监管之外，隐含极大风险。因此要加快培育农村资金互助社等新型金融组织，除了使农民有一个合法的投融资渠道，也可将大量小农民间借贷纳入监管范围，避免风险，保障金融市场稳定。

4. 金融工具

土地是农村金融的核心要素。因为土地实行承包经营制，农村土地基本处于碎片化状态，农村产业的组织化、规模化受到限制，很难引入外部资金。由于农村金融与土地流转机制密切相关。农村发展的规模化经营，必然需要以农村土地的市场流转为基础，因此，农村金融工具的设计和使用就是要把土地做成可以抵押和变现的资产，加快土地流转，实现规模化效益。创新适合小农户、新型农业经营主体等金融产品金融服务。督促银行业金融机构进一步推动完善个体农民与乡村产业利益联结机制，让农民分享乡村产业增值收益。

5. 金融组织

要主动适应农村实际、农业特点、农民需求，不断深化农村金融组织创新，带动组织再造，重塑农民的主体性地位。积极探索新型农村合作金融发展的思路和有效路径，推动发展资金互助社等新型农村合作金融组织。在管理民主、运行规范、带动力强的专业合作社和供销合作社基础上，培育发展农村合作金融体系，不断丰富农村地区金融机构组织类型。

二、农村金融推进农村经济增长基础模型分析

从以上描述中可以看出，农村金融对农村经济发展具有重要意义。那么金融促进农村经济可持续发展的作用机制又是什么呢？我们将从农村金融改变规模报酬不变的生产方式，实现生产规模报酬递增的角度来理解农村金融与农村经济可持续发展之间的联系。

"农村金融"与农村经济发展之间的关系可描述为如下图解：

农村金融→普惠性（inclusive financial）→规模报酬递增 (IRS) →竞争均衡问题（失败）(problems with CE)。

"普惠性"这个概念来源于英文"inclusive financial"，是联合国率先在宣传 2005 小额信贷年时广泛运用的词汇。其基本含义是："能有效、全方位地为社会所有阶层和群体提供服务的金融体系。"当前的金融体系并没有为社会所有的人群提供有效的服务，联合国希望通过小额信贷（或微型金融）的发

展，促进这样的金融体系的建立。2006 年诺贝尔和平奖得主、孟加拉乡村银行总裁尤纳斯教授提出："信贷权是人权。每个人都应该有获得金融服务机会的权利。只有每个人拥有金融服务的机会，才能让每个人有机会参与经济的发展，才能实现社会的共同富裕，建立和谐社会与和谐世界。""普惠金融"发展的初衷是为了实现金融资源分配的平等和公平，尤其针对特殊金融需求主体，比如农村市场、农民全体。只有使多数人能享受金融资源，实现金融的覆盖面、获得性，才有可能促进整体产业的发展。为让每个人获得金融服务机会，就要在金融体系进行创新，包括制度创新、机构创新和产品创新。

图解中第一个箭头是从"农村金融"指向"普惠性"(inclusive financial)。由于大型企业集团和富裕阶层已经拥有了金融服务的机会，建立普惠金融体系的主要任务就是为正规金融机构服务不到低端客户甚至是贫困人口提供机会（这里主要指低收入的农村人口），即主要是小额信贷或微型金融——为贫困、低收入人口和微小企业提供的金融服务。农民群体的创业形态、收入状况、融资需求等与正规金融服务的适配性较差，存在金融供给不充分不平衡的问题。农村金融服务还有较大提升空间。在公共经济学范畴里，一个要素具有普惠性也就是说所有人都具有享有这种资源的权利，当一个人在使用这个商品的同时不会剥夺其他人对该商品的权利，具有平等和公平特性。这就体现了"普"字。而"惠"字是一种差异化模式，针对低收入人群的小额信贷、微型金融和较低资金成本。可见，农村金融的"普惠性"体现了平等性、公平性、差异化和低资金成本。一般来说，组织并使用这些具有普惠性金融资源的模式，可以推动产业大规模的生产，比如农村合作金融模式、"三变改革"思路下，可以实现农村土地的规模化，促进农业的大规模生产，可以应用于大的生产规模。"普惠性"对农村经济增长具有重要的意义。这里考察一个农村生产函数：

$$Y = F(A, X) \tag{1}$$

其中 A 代表农村金融资源投入，就是图解中的"农村金融"，X 代表其他生产要素投入，如土地、劳动力等。假设我们要生产两倍量的农产品量，一种方法是重复投入生产要素（寻找另一种金融资源，使用相同的农业原料供应给农民）；另一种方法是，由于"农村资源"投入具有"普惠性"，比如一家普惠金融机构的金融模式可以服务多个农户，和多家专业合作社，比如商业性金融、政策性金融，均可以设立普惠金融部门，开展普惠金融业务，而合作社金融具有天然的乡土黏合性，满足小额信贷的微型金融，本身的金融业务就符合普惠金融的特点。因此，基于普惠性，我们不需要重复寻找"金融资源"存量（已经存在的金融模式可以普惠到所有的农户和专业合作社）。我们可以用经济学上的规模报酬原理，来表述以上观点：

假设 $\lambda > 1$，

$$F(A, \lambda X) = \lambda Y \tag{2}$$

而一旦更多的普惠性农村金融资源投入于生产，则有：

$$F(\lambda A, \lambda X) > \lambda Y \tag{3}$$

一般来说，对于非货币型生产要素 X 而言，规模报酬不变，而对 X 和 A 总体而言，由于普惠金融的特性——公平性和易获性，加之金融自身的创新性、产业化和工具化特征，都会推动非货币型生产要素的规模递增，因此规模报酬递增。如果我们同倍增加相同的土地和劳动力 X，并且同倍增加金融资源存量 A，那么我们就能得到更大倍数的产出。可见，作为要素之一的"金融资源"能产生规模报酬递增的效应。这正是图解中第二个箭头连接"普惠性"与"规模报酬递增"的意义所在。

我们还发现，金融机制创新、金融工具开发以及金融组织的建设都离不开专业人才，这里的人才包括村"两委"、基层党组织、乡贤、返乡青年、研究专家以及农村金融从业人员。因此，将金融人力资本引入生产函数将增加模型的有用性，并且不会改变模型的本质含义。假设金融资源在投入生产前需要一群专业的农村金融组织、设计和工作者进行学习和检验,于是就将这种金融要素转化为人力资本。因此,生产者可以增加同倍的金融人才,包括制度创新、机构创新、工具创新。如果增加生产后能有更好的农产品市场或农业产业发展,那么产出将有更大倍数的增加。值得注意的是,这里的"金融人才"是具备"竞争性"的,也就是说,一个金融人才不可能同时在做两个项目。

为了便于理解和进一步分析,我们引入一个生产函数如下:

$$Y = K^\alpha H^{1-\alpha} \tag{4}$$

在生产函数(4)中,投入要素包括实物资本 (K) 和金融人力资本 (H),其中人均实物资本表示农产品生产过程中那个非货币形态的生产要素。在(4)函数中,生产呈现出规模报酬不变的特征。现令 H=hL,h 是人均人力资本,则 $Y = K^\alpha (hL)^{1-\alpha}$,如果尝试在转化后形式中表明生产函数对 K、h 和 L 总体规模报酬递增,是否可以证明在引入金融人力资本后可以实现规模报酬递增,正如进行"金融资源"投入?答案是否定的。我们考虑柯布-道格拉斯生产函数:$Y = K^\alpha L^{1-\alpha}$,显然它对 K 和 L 人均规模报酬不变。现在将其改写成:$Y = k^\alpha L$,其中 $k = K/L$ 为人均实物资本,显然改写后的生产函数并非规模报酬递增。可见,变量形式上的改变是无法改变函数本身的凹凸性质的。综上所述,如果要考虑一个生产函数的规模报酬状态,应使该生产函数包括总量变量,而非人均变量。

图解中最后一个箭头是从"规模报酬递增"到"最优资源配置的完美竞争均衡问题"。竞争均衡的首要条件是每个生产要素均获得它的边际产品。但在规模报酬递增的情形下,显然这是不成立的。考虑生产函数(1),由于总产出对 X 具有规模报酬不变的特征,因此:

$$F_X X = Y \tag{5}$$

对于生产函数中的非货币形态生产要素支付其边际产品,正好耗尽了所有的产出，而一旦引入"金融资源"这个要素，并对其支付边际产品，那么：

$$F_X X + F_A A > Y \tag{6}$$

这个农村企业就会出现负收益，也就意味着竞争均衡出现了问题。可见，将"金融资源"要素引入生产函数将获得的两个主要特征：规模报酬递增以及竞争均衡失败，这也成了"金融资源"要素推动农村经济增长模型的基础。

三、金融"要素"可得性对农村经济增长的影响分析

前面我们已经论述了金融资源要素对经济可持续发展的作用机制，即金融资源要素作为一种新的生产要素，由于其普惠性，使生产实现规模报酬递增，转变了农村经济的增长方式，从而使经济发展实现可持续。由于"金融资源"要素中包含机制创新、工具创新、组织创新，这些创新与金融人才密切相关。我们将通过一个理论模型，结合实际进行分析。

本章，我们基于卢卡斯 (Lucas,2008) 的模型方法，以此为基础，讨论金融要素带来的经济增长效应，并考虑了个体差异给经济增长带来的具体效应。卢卡斯用一个连续时间的世代交替模型 (Overlapping Generations Model) 考虑经济效应。此外，卢卡斯还考虑教育的作用。卢卡斯等人的这些研究成果为构建金融资源在经济增长中的作用机制提供了理论模型基础。但是，该研究没有考虑资金积累在经济增长中的作用，且研究仅仅局限于单纯生产方面，没有将对消费领域的影响进一步加以考虑，不能体现整个社会的福利特征。基于卢卡斯（2008）研究存在的不足，本节将在消费者选择因素的社会福利模型中加入金融资源这一现实因素，考虑金融资源对经济发展的效应及特征，并进而挖掘影响金融资源的因素。

我们假定经济中的经济个体数量为连续统一，这些经济个体能够存活无

限期 ①，他们每人都拥有 1 单位的劳动力和 K0 单位的实物资本。他们将实物资本和劳动用于生产，获取相应的报酬。生产部门为经济个体所拥有，其最终获取的利润归经济农户个体消费决策时支配。因此，当经济中实物资本不存在折旧时，最终经济个体进行消费决策时所拥有的全部流量财富为全部产出。

一、生产部门

我们在生产部门方面的假定基本沿用阿尔瓦雷斯等 (Alvarez et al.,2007) 的模型构建，但加入了实物资本在生产中的作用。生产部门利用资本和劳动力从事生产，由于生产技术的外部性，生产函数最终体现为：

$$Y(t) = K(t)^{\beta} \left[A(t)L \right]^{1-\beta} \quad 0 < \beta < 1 \tag{7}$$

其中 K 为实物资本，L 为劳动力，A 衡量生产中金融人力对劳动力的生产效率 (productivity)，β 表示生产中实物资本的使用份额，其数值越大，表明生产越趋于资本密集。

假设 A 为每个劳动者的生产率 z 的函数，为一随机变量 ②，该随机变量的概率分布为时间可变分布，其分布函数为 $F(\cdot,t)$，概率密度为 $f(\cdot,t)$，每个生产者的产量表示为 $y(t) = \int_0^{\infty} zf(z, t)dz$。分布函数为 $F(z,t) = \Pr\{Z < z\} = \int_0^z f(z,t)dz$。于是，生产函数可以表示为：

$$Y(t) = K(t)^{\beta} [\int_0^{\infty} zf(z,t)dz]^{1-\beta} \tag{8}$$

紧接着，我们将考虑生产率的演化过程。假定该生产者在 t 时刻的生产

---

① 这种假定在经济理论界存在一定的批评，但从中国实际情况来看，则非常符合。中国人具有尊老爱幼的优良传统，中国父母对子辈的关爱可以说是无微不至。我们经常可以看到，中国的中老年人奋斗一生，不断储蓄，其目的就是能够给子女多留一些遗产，让他们未来的日子过得更加舒适些。因此，中国人具有很强的利他主义和遗产动机，有了利他主义和遗产动机假定支持，现实中的人有限生命可以容易转化为代表性经济个体具有无限生命这一经济假定。

② 该随机变量刻画了金融资源获取能力这个基本内涵。

率为 z。在时间区段 $(t, t+h)$ 内，该生产者得到 αh 个独立的随机变量 q_i，这些随机变量的概率分布为 $Q(\cdot, t)$。其中 α 衡量生产者获取外界金融资源的能力和努力的大小，α 越大表明其获取能力越大。生产者可以从随机变量中选择一个最大值来作为其生产率 [①]，在时点 $(t+h)$ 生产者的生产率为 $\max(z, q_i)$。生产者在 t 时点和 (t+h) 时点生产率相同的概率就是在区段 $(t, t+h)$ 内他无法获得应用更好生产率的概率。因此，生产者在 t 时刻最大生产率为 z 且在 $(t+h)$ 时仍为 z 的可能性具有如下关系

$$
\begin{aligned}
F(z, t+h) &= F(z, t) \times \Pr\{q_i \leqslant z, i=1, \cdots \alpha h\} \\
&= F(z, t) Q(z, t)^{\alpha h}
\end{aligned}
\tag{9}
$$

上式两边取对数并除以 h，当 $h \to 0$ 时，我们得到

$$
\frac{\partial \ln(F(z, t))}{\partial t} = \alpha \ln(Q(z, t))
\tag{10}
$$

由于我们研究的系统中，农业生产者具有同质性，每个人获得金融要素均来源于体系内的其他人，因此，从对称性而言，在这里 $Q(z, t)$ 其实与 $F(z, t)$ 没有本质上的区别。于是，上述方程转化为一个自治方程：

$$
\frac{\partial \ln(F(z, t))}{\partial t} = \alpha \ln(F(z, t))
\tag{11}
$$

为了进一步深入探讨金融要素对生产的作用机理，我们假定 t 时每个人标记为一个服从带有参数 $\lambda(t)$ 的指数分布的随机变量 x，$\lambda(t) > 0$，其密度函数为 $\lambda(t) e^{-\lambda(t)x}$。此时每个随机变量对应的生产率为 $x^{-\theta}$，$0 < \theta < 1$。θ 衡量生产者的分散程度，数值越大，表明越分散。这样，我们可以得到生产率的分布函数。

$$
\begin{aligned}
F(z, t) &= \Pr\{x^{-\theta} \leqslant z\} \\
&= \Pr\{x \geqslant z^{-1/\theta}\} \\
&= e^{-\lambda(t) z^{-1/\theta}}
\end{aligned}
\tag{12}
$$

---

① 这表明，创意具有很强的外溢性，一个好的创意能够很好地被其他人吸收并用于其生产过程。

将该分布函数代入到（11）式中，简化后我们得到：

$$\frac{d\lambda(t)}{dt} = \alpha\lambda(t) \tag{13}$$

显然，我们很容易得到生产率的密度函数：

$$f(z,t) = \frac{1}{\theta}\lambda(t)z^{-1/\theta-1}e^{-\lambda(t)z^{-1/\theta}} \tag{14}$$

这样，总量生产函数将表示为：

$$\begin{aligned}
Y(t) &= K(t)^{\beta}[\int_0^{\infty}\frac{1}{\theta}\lambda(t)z^{-1/\theta}e^{-\lambda(t)z^{-1/\theta}}dz]^{1-\beta} \\
&= K(t)^{\beta}\lambda(t)^{\theta(1-\beta)}[\int_0^{\infty}z^{-\theta}e^{-z}dz]^{1-\beta} \\
&= K(t)^{\beta}\lambda(0)^{\theta(1-\beta)}e^{\alpha\theta(1-\beta)t}[\int_0^{\infty}z^{-\theta}e^{-z}dz]^{1-\beta}
\end{aligned} \tag{15}$$

二、消费部门

经济个体收入来源有三部分，即劳动收入（工资）、实物资本收入和凭借对生产部门的所有权取得的生产利润。由于模型中考虑的经济是以农村为主体的封闭经济，劳动没有发生流动[①]。因此，从总量均衡的角度来看，此时这三部分加总其实就是农村的生产总量。

劳动者（消费者）取得收入后，主要用于自身的消费。剩余的收入用来增加下期生产所需的资本。于是消费者面临的预算约束为：

$$\begin{aligned}
\dot{K}(t) &= Y(t) - C(t) \\
&= K(t)^{\beta}\lambda(0)^{\theta(1-\beta)}e^{\alpha\theta(1-\beta)t}[\int_0^{\infty}z^{-\theta}e^{-z}dz]^{1-\beta} - C(t)
\end{aligned} \tag{16}$$

其中，$\dot{K}(t)$代表 t 时生产的资本变化，$C(t)$为消费。消费$C(t)$给消费者带来效用满足，假定消费者的效用函数形式为：

---

① 尽管现实经济中，城市间的资本和劳动能够发生自由流动，且从经验上来看，这种流动的确起到促进生产的效果，但从长期均衡的角度看，城市间的资本和劳动流动只是一个转移动态过程，通过资源优势互补后的最终结果为资本和劳动从数量上没有体现出流动的情况。

$$U(C(t)) = \begin{cases} \dfrac{C(t)^{1-\sigma}}{1-\sigma}, & \sigma > 0 \,\&\, \sigma \neq 1 \\ \ln C(t), & \sigma = 1 \end{cases} \tag{17}$$

该效用函数具有常数相对风险回避系数。σ代表消费者规避风险的态度，数值越大将表明消费者越想规避风险。此外，σ的倒数也代表跨期替代弹性，是消费者做跨期选择时的权衡变量。

三、最优决策

经济个体具有无限期生命，他需要合理选择消费和资本积累路径，以获得一生效用净现值的最大。于是，经济个体的决策问题可描述为：

$$\max_{C(t),K(t)} \int_0^\infty \frac{C(t)^{1-\sigma}}{1-\sigma} e^{-\rho t} dt$$

$$s.t. \quad \dot{K}(t) = K(t)^\beta \lambda(0)^{\theta(1-\beta)} e^{\alpha\theta(1-\beta)t} [\int_0^\infty z^{-\theta} e^{-z} dz]^{1-\beta} - C(t) \tag{18}$$

其中，ρ为经济个体的主观贴现因子，$0 < \rho < 1$，且$\rho > (1-\sigma)\alpha\theta$①。我们这里仅以$\sigma \neq 1$情形进行分析，$\sigma = 1$的分析同样适用。

由于预算约束（18）式中带有常数增长项$e^{\alpha\theta(1-\beta)t}$，出于方便分析的需要，我们对原有经济个体最优决策问题做一个转换。令$C(t) = c(t)e^{\alpha\theta t}$，$K(t) = k(t)e^{\alpha\theta t}$，于是经济个体决策问题转化为：

$$\max_{c(t),k(t)} \int_0^\infty \frac{c(t)^{1-\sigma}}{1-\sigma} e^{-(\rho-(1-\sigma)\alpha\theta)t} dt$$

$$s.t. \quad \dot{k}(t) = k(t)^\beta \lambda(0)^{\theta(1-\beta)} [\int_0^\infty z^{-\theta} e^{-z} dz]^{1-\beta} - \alpha\theta k(t) - c(t) \tag{19}$$

为了得出最优解，我们建立如下的汉密尔顿 (Hamilton) 方程：

$$H = \frac{c(t)^{1-\sigma}}{1-\sigma} + \mu[k(t)^\beta \lambda(0)^{\theta(1-\beta)}[\int_0^\infty z^{-\theta} e^{-z} dz]^{1-\beta} - \alpha\theta k(t) - c(t)] \tag{20}$$

① 该假定主要保证消费者的一生效用总和不趋向无穷大，便于我们进行最优分析。

其中，μ 为汉密尔顿乘子。$k(t)$ 为状态变量，$c(t)$ 为控制变量。最优化的一阶条件为：

$$c(t)^{-\sigma} = \mu \tag{21}$$

$$\dot{\mu} = (\rho + \sigma\alpha\theta - \beta k(t)^{\beta-1}\lambda(0)^{\theta(1-\beta)}[\int_0^\infty z^{-\theta}e^{-z}dz]^{1-\beta})\mu \tag{22}$$

横截性条件为：

$$\lim_{t\to\infty} k(t)e^{-(\rho-(1-\sigma)\alpha\theta)t} \geqslant 0 \tag{23}$$

由（21）和（22），我们得到消费积累的动态路径

$$\dot{c}(t) = -\frac{1}{\sigma}(\rho + \sigma\alpha\theta - \beta k(t)^{\beta-1}\lambda(0)^{\theta(1-\beta)}[\int_0^\infty z^{-\theta}e^{-z}dz]^{1-\beta})c(t) \tag{24}$$

基于（19）和（24）式，我们接下来将进行经济系统的稳态分析。

四、稳态分析

当经济系统趋于稳定状态后，相关经济变量将以某种固定的路径进行增长。令 $\dot{c}(t) = 0$，$\dot{k}(t) = 0$，我们得到稳态下的有效消费和有效资本如下：

$$k^* = (\rho+\sigma\alpha\theta/\beta)^{1/(1-\beta)}\lambda(0)^\theta \int_0^\infty z^{-\theta}e^{-z}dz \tag{25}$$

$$c^* = [\beta/(\rho+\sigma\alpha\theta)-\alpha\theta](\rho+\sigma\alpha\theta/\beta)^{1/(1-\beta)}\lambda(0)^\theta \int_0^\infty z^{-\theta}e^{-z}dz \tag{26}$$

紧接着，我们将考虑系统的稳定性，即当经济系统偏离稳定状态 (k^*, c^*) 后是否具有回到该稳定状态的自我调节能力。

将（19）和（24）式在 (k^*, c^*) 进行一阶泰勒展开，我们得到如下系统方程：

$$\begin{pmatrix} \dot{k}(t) \\ \dot{c}(t) \end{pmatrix} = \begin{pmatrix} \rho + (\sigma - 1)\alpha\theta & -1 \\ \frac{1}{\sigma}(\beta - 1)\left(\frac{\rho + \sigma\alpha\theta}{\beta}\right)^{-1/(1-\beta)} \lambda(0)^{-\theta} / \int_0^\infty z^{-\theta} e^{-z} dz & 0 \end{pmatrix} \times \begin{pmatrix} k(t) - k^* \\ c(t) - c^* \end{pmatrix} \quad (27)$$

令 $C = \begin{pmatrix} \rho + (\sigma - 1)\alpha\theta & -1 \\ \frac{1}{\sigma}(\beta - 1)\left(\frac{\rho + \sigma\alpha\theta}{\beta}\right)^{-1/(1-\beta)} \lambda(0)^{-\theta} / \int_0^\infty z^{-\theta} e^{-z} dz & 0 \end{pmatrix}$

则：

$$\omega_1 + \omega_2 = -\rho - (\sigma - 1)\alpha\theta \tag{28}$$

$$\omega_1 \times \omega_2 = |C| = \frac{1}{\sigma}(\beta - 1)\left(\frac{\rho + \sigma\alpha\theta}{\beta}\right)^{-1/(1-\beta)} \lambda(0)^{-\theta} / \int_0^\infty z^{-\theta} e^{-z} dz \tag{29}$$

其中 ω_1、ω_2 为矩阵的特征根，由上述两式我们知道这两个特征根为一正一负。因此，该系统只能在鞍点路径上收敛，即系统的稳定状态为鞍点稳定。

于是，当经济系统处于鞍点稳定时，有效消费和有效资本水平保持不变。消费、资本和总产出都以固定增长率增长，增长率为 $\alpha\theta$，即整个经济增长的动力为"金融"资源可得性，决定金融要素对经济增长的贡献度主要有两个因素：经济个体获取金融资源的能力大小或为获取金融资源付出努力的大小，以及生产者的分散度情况。

与此同时，经济个体的效用水平为：

$$U = [\beta / (\rho + \sigma\alpha\theta) - \alpha\theta]^{1-\sigma} \left(\frac{\rho + \sigma\alpha\theta}{\beta}\right)^{(1-\sigma)/(1-\beta)} \lambda(0)^{\theta(1-\sigma)}$$
$$\left[\int_0^\infty z^{-\theta} e^{-z} dz\right]^{1-\sigma} / [(1-\sigma)(1-\rho + (1-\sigma)\alpha\theta)]$$

综上两个模型，我们可以得出以下结论：首先，在基础模型中，"金融"要素作为货币化形态的生产要素，是农村经济增长的核心动力。由于农村金融资源具备普惠性的特征，使得"金融"要素可以公平和平等地在农村区域进行分配，这就改变了当前多数农户的信贷资金缺口。基于转变农村经济增长方式的角度，"金融"要素的普惠性可以实现农产品生产的规模报酬效应，即当所有要素同比例增长时，农产品的产量会实现更大幅度的增长。当农村金融资源覆盖率扩大以及农村金融资源特有的低资金成本特性，可以实现小农户的资产出现规模化集中，农村经济增长方式发生转变，从小农分散生产经营向集中式规模化生产经营转变，有利于扩大产量，提高资金使用效率的同时，提高产品的劳动生产率，同时有利于优化产业结构，资金优先配置于优质产业，有利于发展符合乡村资源禀赋资源的特色文化产业。

基于卢卡斯的模型中，是把人力资本（即金融人才获取金融资源的专业能力）作为模型的构成要素，决定"金融"要素对经济增长的贡献度主要有两个因素：经济个体获取"金融"资源的能力大小或为获取"金融"资源付出努力的大小，以及生产者的分散度情况。可见，当"金融"资源变成一种易获性资源，那么对经济增长具有显著的贡献度。这也符合当前农村金融供给存在较大缺口的现状，以及国家各项宏观顶层政策强调的农村金融体系构建，发挥普惠金融的重要性。因此除了要进一步完善外置金融体系的"普惠性"，提高商业性金融机构针对农村金融供给的易获性，更要加快培育农村资金互助社等新型金融组织，走一条符合村民主体性的"内置金融"体系投融资渠道，在合法合规的前提下满足多数农户的小额贷款，避免不在监管范围内的各种灰色地带的民间资金补给，有效弥补当前农村金融供给缺口，这也有利于维护农村金融的安全性，保障农村经济的稳定，提高农民收入水平，以组织化方式提高农民的社会地位，壮大发展农村集体经济，维护农村社会的长治久安，实现乡风文明、共同富裕的乡村振兴的美好画面。

第七章 "内置金融"推动传统村落特色文化产业发展

金融是现代经济发展的核心要素。金融活,经济活;金融稳,经济稳。全面推进乡村振兴离不开金融的有力支撑。《中共中央国务院关于全面推进乡村振兴加快农业农村现代化的意见》提出"支持以市场化方式设立乡村振兴基金,撬动金融资本、社会力量参与,重点支持乡村产业发展",并将其作为"强化农业农村优先发展投入保障"的重要内容;《中华人民共和国国民经济和社会发展第十四个五年规划和2035年远景目标纲要》提出:"在西部地区脱贫县中集中支持一批乡村振兴重点帮扶县,从财政、金融、土地、人才、基础设施、公共服务等方面给予集中支持,增强其巩固脱贫成果及内生发展能力。"可见,金融在经济发展和社会生活中,在推动乡村振兴的进程中具有举足轻重的作用。

特色文化产业是依托各地独特的文化资源,通过创意转化、科技提升和市场运作,提供具有鲜明区域特点和民族特色的文化产品和服务的产业形态。以满足人们的精神需求为目的,是文化资源、市场需求、技术进步和制度机制等因素共同作用的结果"。

在2018年中共中央、国务院印发的《乡村振兴战略规划(2018—2022年)》提出要"发展乡村特色文化产业",指出"加强规划引导、典型示范,挖掘培养乡土文化本土人才,建设一批特色鲜明、优势突出的农耕文化产业展示区,打造一批特色文化产业乡镇、文化产业特色村和文化产业群"。2019年的中央一号文件也提出坚持农业农村优先发展总方针,并在"发展壮大乡村产业,拓宽农民增收渠道"部分中强调"加快发展乡村特色产业""支持建设一批特色农产品优势区""创新发展具有民族和地域特色的乡村手工业"。这不仅为发展农村特色文化产业提供了政策依据,而且赋予了乡村振兴战略新的内涵。当前和今后一个时期,应把乡村特色产业作为推动我国现代农业发展、拓宽农民增收渠道的一项重要基础性工作。[①] 传统村落不同于一般性村落的特殊性,不仅要满足乡村振兴"产业兴旺、生态宜居、乡风文明、治理有效、生活富裕"的总要求,发展过程中也要保护历史、文化、科学、艺术、社会、经济价值不受侵害,因此传统村落在乡村振兴过程中处于非常特殊的地位。

一、传统村落特色文化产业内涵与类别

(一)特色农业

特色农业就是着眼于乡村的独特的农业资源,以新创意或新技术将独特的农业资源开发成特有的农业产品,形成一定的品牌效应,形成名优产品,最终转化为特色商品的现代农业。特色农业的关键之点就在于"特"以及技术的应用。传统村落是古代农耕社会的缩影,存在发展农业的悠久历史渊源,存在大量的农耕资源。由于传统农业模式在城市化过程中已经不适应现代社会的发展,因此要逐步转变农业发展方式,致力于发展特色农业。

(二)观光旅游

观光旅游业是当前传统村落特色文化产业的主要业态。观光旅游业的发

---

① 刘金祥:《发挥乡村特色文化产业对乡村振兴的助推作用 发挥乡村特色文化产业对乡村振兴的助推作用》,http://epaper.hljnews.cn/hljrb/20190305/410298.html.

展模式主要是利用传统村落的自然景观、文化景观及历史文化遗产等相关资源进行开发，包括将特色文化资源开发成新型文化创意衍生品，形成一站式观光游览、消费、体验与度假模式，主要满足城市消费者的需求，有利于带动传统村落特色产业的发展。这类发展模式主要是观光型旅游或体验型旅游，比如宏村、婺源等传统村落。

（三）传统手工业

传统村落是传统村落的家族式、工作坊式的手工制作工业发展模式。该模式的典型代表就是非物质文化遗产的家族传承模式、活态博物馆模式与艺术创意工作坊模式。非遗的家族传承模式是以家族世世代代传承和经营保留和发展传统手工艺。活态博物馆模式是将传统村落的传统手工艺打造成流水线一体化的生产或体验模式，以功能复合的新工坊为载体，统一管理、宣传并销售，从而扩大其规模与影响力，形成传统手工艺品牌化。艺术创意工作坊模式是以艺术工作室的形式，运用设计创意等开发新形态的传统技艺。

（四）综合产业

综合发展型村落的特点是多产业联合发展的模式。传统村落居于丰富的特色文化资源：物质文化资源和非物质文化资源，因此会形成不同的产业形态，综合发展型村落就是将传统村落特色产业资源与现代新业态相结合，开发融合型新型业态模式。这种模式是大部分传统村落在发展初期做出的一定探索。比如日本"休闲度假与农业的交融"。日本充分依托农业这一基础产业，在此基础上进行研发创造，从上下游拓展新的产业链。作为体验经济的一种重要形式，日本的休闲农业能够引导游客深入体验乡村氛围和田园生活。同时针对旅游消费的新特点，增强互动参与性和体验感，日本各地创造性地开发出更加个性化、高附加值的体验型乡村旅游产品，以满足体验经济时代的旅游消费需求。还有日本"动漫与农业的交融"业态，日本稻田画是日本创意农业的代表，即日本稻家用稻田种植画，亦被称为"稻田艺术"。稻田家利用黑稻米和紫稻米等不同品种，根据设计好的布局种植而成。这种室外艺术起源于90年代的青森县南津轻郡田舍馆村。受麦田怪圈的启发，为振兴当地经济，开发观光资源，1993年田舍馆村村民开始制作稻田画。每年题材都不相同，题材涉及日本动漫。通过稻田画的创意农业，不仅实现了增加村民收入的初始目标，同时让农业真正与旅游业相结合，盘活了当地农业。

（五）资源禀赋产业

资源禀赋是最适合开发特色产业的资源要素。资源禀赋产业要因地制宜，围绕乡村当地特色资源和产业基础，集中禀赋资源，以集体经济组织为主体实现资源禀赋的规模化经营。资源禀赋产业要注重结合绿色产业谋求发展，发展绿色循环、节能环保、有机农业、生态旅游、健康养老等产业，持续壮大集体经济，建立更加紧密的利益联结机制，更好促进特色产业发展，带动农民持续增收。

二、郝堂村"内置金融"资金互助推动乡村特色产业发展

2011年，河南省信阳市平桥区启动"郝堂·茶人家"可持续发展实验村项目建设，目的是将郝堂村建设成河南省农村改革试验区的示范村。该项目的目标有四个方面：探索政府、乡村基层组织、村民、社会力量合作；发展"内置金融"，盘活乡村资本，加强村民金融互助；巩固"三位一体"（经济发展、社区建设、民主治理）和"四权统一"（产权、财权、事权、治权）的村民共同体；建设具有茶文化特色的生态文明新村。

郝堂村以"内置金融"互助社推动乡村特色产业发展的路径，是通过金融内置化重塑村民主体地位，以村民自治、集体组织的方式精准推动各项特色产业发展。"内置金融"资金互助不仅解决了乡村小农信贷资金来源问题，同时解决乡村特色产业定位、生态保护与资源利用、文化遗存传承及村民收

入提升等综合性问题。农村"内置金融"的理念是由"三农"专家李昌平建议并带动村"两委"一起落地郝堂；同时联合北京绿十字公益组织的倡导者、画家孙君则致力于发展社区参与的农村生态保护，致力于把生态文明理念、保留文化艺术理念以及不拆旧建新理念输送给村民。

李昌平和孙君秉承着"把农村建设得更像农村"的理念，在带领郝堂村进行新农村建设中将"乡村治理"作为首要任务，契合乡村属性，实现资源分类，保护土壤，保留村落，不拆房、不填塘，不挖山，保留了乡村文明的根、中华文明的根，这是乡村振兴的共性，应用逆城市化的思维建设郝堂村新农村。

（一）以"内置化金融"方式突破特色产业发展所需的资金和人才瓶颈。

"内置金融"通过集中村民的闲散资金，村委会利用聚集起来的资金完成了两大任务：一是开发治理已经抛荒的耕地资源，让土地恢复耕种，让村民有地可种；二是创办和管理资金互助合作社，村民利用这些资金来实现资金互助，提高生产效率和生活能力，改善生活水平，同时开发文化旅游资源，发展文化旅游业，提高农民收入水平，提升乡村整体生态环境，郝堂村的集体经济和特色文化产业逐步发展壮大。

基于村政府、乡贤的大力支持和鼓励，郝堂村经济发展快速发展，吸引了以前外出打工的年轻人，陆续回到郝堂村。为有效加快返乡人才回流，郝堂村建立了专门的"回乡青年创业合作社"，为回乡的年轻人，提供创业的机会、岗位、指导和帮助。这些措施除了激励村内农民展开思路纷纷开始创业，还吸引了村外不少有情怀有资金的文艺青年创业者慕名来到郝堂村，将其作为创业场所。郝堂村翻天覆地的发展，最为明显的当属自主经济发展和治理社区建设。

（二）以"内置金融"资金互助重塑村民主体地位和主导权。

目前，很多传统村落由于缺少产业开发资金，产业项目通常由政府和企业开发商联手建设，比如通过产权置换的方式开发传统村落整体景区资源，发展旅游业。在这种外部开发商资本的逐利性下，原本应该由作为新农村建设主体的村民和村委主导本村的资源发展，反而处于被动的状态。郝堂村在设立"内置金融"后，村委和村民们自主决定以新农村建设的名义，向"内置金融"养老院互助社贷款进行新农村建设，同时将农户多亩农田，通过抵押入股的方式流转至村集体集中起来，实现土地的规模化集约化开发经营，经营后的土地增值，全部归村民们所有。这种"内置金融"模式，使得郝堂村在短短几年时间内，就拥有了上百万的自主发展资金，由于保持了村民的主体地位、决定权和收益权，从而避免国内普遍存在的所谓"农民上楼、拆旧建新"的情况，郝堂村以农耕文明为主，以科学技术为辅，以乡村为舞台，还权于村"两委"，还权于村民，力推"农民精神"与"乡村自治"，全力回避"市场至上、产业先行"的错位思想。[①]

郝堂村的建设，重塑了农民的主体地位，所有的建设意见都会征询村民的意见。为了保护村落原来的面貌，不主张拆旧建新。这种充分尊重农民意愿，并且发挥农民在建设过程中主体作用的做法，与其他地方农村的迁地改造做法不同，值得我们参考借鉴。如今的郝堂村成为国内知名的新农村建设蓝本。

（三）以生态理念为主导树立乡村特色文化产业定位。

郝堂村在新农村建设之初，结合与信阳市临近的区位优势，大力发展旅游业的意识已经深入人心。从郝堂村一直保持活力，主要在于始终以生态理念为指导结合产业和市场思路发展特色产业。核心就是保留村庄的原貌，留

---

① 孙军、胡静：《郝堂中国式乡建》，中国建材工业出版社，2021年，1页。

下村民的生活场景。而除了这类景观资源的开发，郝堂村的另一个生态发展思路是通过创意美学手段加大农产品附加值，仅仅是简单的手工农产品带来的经济效益偏低，应当继续强化郝堂村品牌内涵，针对游客的消费需求，融入创意设计美学的思路，充分利用当地驻扎艺术机构的艺术资源，结合郝堂村庄地理环境优越、自然环境良好、消费群体高端的特点，结合当地特色大力发展生态农业，实现乡村资源的再生。

（四）以文化旅游为目标业态推动产值收益双增长。

郝堂村养老资金互助社结合本村旅游发展的现状，鼓励促进郝堂村上百名青年村民返乡创业，结合当地的特色资源，引导开办经营各种类型农家乐，大力发展文化旅游业。郝堂如今形成的各种特色产业包括特色农业体验、特色文化景观以及特色小吃，综合一体发展特色文化旅游。郝堂有丰富的农作物资源，比如郝堂村村口种植了大量的海南热带水果，供游客自主采摘，发展农家乐体验。郝堂村内保留了各具特色的民间小巷、风格各异的民宿客栈，以及民间手工制作的美食，丰富游客的各种体验。

郝堂村针对村内主干道布局上也做了一定科学规划，根据规划发展特色文化产业和艺术行业，以艺术来提升郝堂村整体的文旅消费档次。在布局设计上，基于消费者的消费偏好，一般将特色农产品布置在销售主市场，而绘画等艺术机构、论坛安排在离主市场一定距离的地方，避免过于喧闹。这些机构选择郝堂村作为入驻地点，一方面是看中郝堂村的特色文化消费市场，经营发展自身的艺术品业务，开展各种艺术交流活动，另一方面也丰富了郝堂村的文旅消费层次。这是目前乡村旅游的主要特色："乡村特色产业＋旅游业＋艺术（文化）消费"的特色产业融合发展模式。乡村旅游或者民宿旅游近几年深受城市人群的青睐，一般的传统村落提供的可能仅仅是自然景观结合特色民宿，但是郝堂村不仅拥有这些优势，还能够借助这些入驻的艺术机构营造文化艺术氛围，如艺术家公社开展的不同主题的沙龙，绘画机构写生的作品展览等，进一步提升的消费档次，展现艺术与自然之美，这也是郝堂村特色文化产业的延伸。

（四）以乡土文明传承为依托建立"文化自信型"乡村。

郝堂村的新农村建设的核心是以农耕文明为主，保留村庄的原貌，留下村民的生活场景，让乡村回归。郝堂村走的规划思路是："村庄规划有序，建筑保持不同年代风格，留住每个时代的乡愁，有乡愁就有旅游价值。村庄不要做规划，做局部设计调整。保住农民家庭养殖场所、菜园，让农民生活更方便。"① 这就是一种乡村资源的再生。同时，郝堂村因为"内置金融"资金互助的成立，解决老人养老，提供创业贷款，这也把松散的农民重新组织起来，让治理和参与激发了农民的主体性意识，让农民更加热爱自己的家乡。这种乡土文明的保留、传承和重塑，使得郝堂村成了"文化自信"型的乡村。

郝堂村的新农村规划建设打破了传统村落一贯的规划理念，即规划是独立的，规划是万能的。郝堂村的规划是由北京绿十字公益组织的倡导者、画家孙君提供的建设思路。其规划是在乡村建设上，自治占工作40%，生产占30%，运营管理占30%；而在特色产业规划上，村干部和乡贤建议占60%，农民需求占20%，设计师占20%，这是以农民为主体的规划占比。其规划路径包含自治—生活—运营，充分体现了"农村是有价值的，农民是有尊严的，农业是有希望的"。②

---

① 孙军、胡静：《郝堂中国式乡建》，中国建材工业出版社，2021年，2页
② 孙军、胡静：《郝堂中国式乡建》，中国建材工业出版社，2021年，5页。

三、福建省传统村落发展特色文化产业案例分析 [①]

（一）晋江市围头村：首个"农股贷"融资模式

1. 村落基本情况

泉州市晋江金井围头村位于福建省东南沿海围头半岛突出部，北与大陆相连，南与金门岛隔海相望，整个村庄三面环海。景区面积 3 平方公里，海岸线长达 6500 米，是大金门岛最贴近大陆的地方。围头村常住人口 4300 多人、外来人口 3500 多人，旅居菲缅及台港澳乡亲万余人。自唐开元以来，围头古村落已有 1306 年的历史，这里地理位置特殊，渔村生态景观独特，历史英雄人物辈出。[②] 围头村是昔日震惊世界的"八二三"炮战最前线，今日两岸民间交流的最前沿，从战地走来的围头渔村，地缘、商缘、姻缘、民缘、水缘使其成为"闽台五缘村"，见证两岸关系冷暖变化的一个典型缩影。"渔业生产＋养殖＋休闲＋文化"已成为围头渔村产业融合的发展模式，如今，游围头"看金门、探炮洞、泡海水、吃海鲜、抓鲍鱼、住民宿、听故事"使围头村成为"最美渔村"之一。

2007 年以来，围头村以新农村建设为契机，坚持围绕"生态兴村、旅游富村、文化强村、诚信立村、依法治村"五大发展理念，科学制定"一年一变化，五年一跨越，十年初步实现宜居宜业宜游，二十年打造海峡名村"的路线图、方向标和时间表。2009 年该村探索出一条"支部引领、村里搭台、村民唱戏"的渔村发展新路子，同时，积极倡导"咱村是景区"的新概念，激发了渔村群众的参与热情和渔民文明素质的提升，及时挖掘整合"围头十八景"，不断保护渔业资源，并以"围头战地文化渔村"为主题，达到了国家

---

① 案例资料参考：胡延福：《福建特色农村发展经典案例》，中国农业出版社，2019 年，第 3、11、49 页。

② 资料参考：《中国最美渔村系列之海峡第一村——围头村》，https://baijiahao.baidu.com/s?id=1703261688174116278&wfr=spider&for=pc.

AAA 级旅游景区的评定标准。特别在 2012 年，围头村推出"美丽乡村"升级版，不断探索"绿水青山就是金山银山"这一课题，充分发挥"对台、面金、傍海"的地理人文优势，从整合"滨海、战地、渔村、侨台、海丝"五大文化到构筑"绿色渔村、蓝色海湾、白色沙滩、红色遗址、金色人文"五色围头。2014 年，渔村在原有的基础上，规划提升了"围头海角度假区、围头人家休闲区、围头妈祖展望区"。

2. 村落特色文化产业业态发展

第一，涉台文化景观观光业。围头村历史可追溯至唐开元年间，至今已有 1300 多年。明永历年间，民族英雄郑成功在此指点收复台湾。清康熙年间，施琅大将军于围头澳屯兵操练水军，求得围头妈祖令旗后出兵统一台湾。中华人民共和国成立后，因其特殊的地理位置，围头村成为对台炮战的前沿，1958 年 8 月 23 日，这里率先打响对台炮战第一枪。在后续的台海炮战，围头村作为距金门最近的大陆村镇，在对台军事防卫中始终起到重要作用。1992 年，"九二共识"达成之后，围头村与金门的互动日渐增加。[①] 正是基于围头村的台海渊源，村内涉台文化景观资源丰富，形成了独特的涉台历史文化景观观光业态。

第二，宗教文化、海洋文化、侨胞文化资源。围头村拥有得天独厚的滨海自然景色，台海资源、宗教宗族资源、战地资源、渔业资源、侨胞资源丰富。历史上，先后定居围头村的有 21 姓之多，各姓氏在村内均保留有祠堂、公厅，共计 40 余所。围头村宗教历史文化底蕴十分深厚，保有古刹庙堂共计 19 座，台湾妈祖天后宫香火亦源自围头村妈祖天后宫；战地资源方面，有围头"八二三"炮战东—西线指挥所、一号碉堡、防空地道、防炮洞、金门瞭望台等特殊历史时期的纪念遗址；渔业文化资源方面，围头村的定置网作业（始于南宋）有春捕、冬捕、印线、马鬃线、冬网、对拖网（成熟于清道光）等多种形式，风帆对拖和起冬钓鱼始于明清时期，另有钓鱼滚（捕带鱼）、沉

---

① 案例资料参考：胡延福：《福建特色农村发展经典案例》，中国农业出版社，第 3、11、49 页。

滚（捕鳗鱼、鲨鱼、黄花鱼）、手钓（捕石斑鱼、鱿鱼）等多种捕钓形式。20世纪90年代开始规模养殖鲍鱼，已成立了鲍鱼生产合作社；围头村是闽南著名的侨乡和港澳台同胞主要祖籍地之一，有旅居港澳台和海外华侨万余人。包括侨胞在内的乡贤，一直是围头村开展基础设施建设的重要经济来源，其中更有数百名富商，著名的"七匹狼集团三兄弟"便是从围头村走出去的。

3. 金融模式和产业模式分析

第一，村"两委"务实创新制定村庄发展计划。2007年，以洪水平村书记为领学的村委班子上任，制定了"一年一台阶，五年一跨越；十年初步实现宜居宜业宜游，二十年全力打造海峡名村"的发展战略和"乡村旅游＋渔业生产"的主基调，提出"主题年发展计划"。村"两委"每年都遵循一定的主题进行施政，促进乡村快速有序发展。截至目前已经确定并实施13个年度主题发展计划。自2007年实施落地"主题年发展计划"后，围头村的产业模式从"工业生产"转为"乡村旅游＋渔业生产"，乡村旅游业大力发展，蓝色产业加旅游产业占全村GDP的三分之二。以组织创新为带动力，以"主题年"展开乡村振兴的发展步伐，促进围头村产业发展。

第二，强化组织建设，运用"网格化"管理思维。首先是基层党组织建设。在全村建立五个党小组责任区，运用"网格化"管理的思维，不同的党小组负责该地区的经济、社会、治安、环保等问题。在党员考评机制上，围头村按照"下军令状"的模式给党员提出要求，确保党员在村务和党务工作中尽职尽责。其次，围头村还十分注重村庄群团组织建设。围头村先后组织成立了包括南音社、妇女代表会、青年团、民兵营、治保会、老人会及文化活动团队等众多群团组织，并积极引导这些群团组织在村庄发展中发挥修复村民关系、提高关联度和沟通信息等作用。

第三，积极打造多产业融合。以鲍鱼为主的海产养殖是围头村主要传统产业，由养殖合作社社员经营，村委提供指导。合作社目前在服务、采购、用具方面提供支持，服务生产与协调市场。现今，围头村渔业养殖面产值大。

在海产养殖的基础上，围头村还积极探索"海峡人家"休闲渔业。围头村利用闲置空间打造休闲渔业，利用自身渔业优势，发展特色的海鲜餐厅、观光工厂、渔业体验区等。同时，养殖池既可以作为景观水池，还兼具钓鱼体验、竹筏体验及其他简易型的水上活动等休闲功能。围头村还凭借自身历史文化资源，聘请专业团队，积极打造战地文化游、货柜艺术村、货柜艺术游等全方位的特色乡村游。

第四，鼓励村民参与，侨胞支持。广泛的村民参与、侨胞支持是围头村发展的重要源泉。在村委的引领下，通过熟人社会、利用群团组织修复村民关系等方式增强了村民的自信心和凝聚力，提高了参与度。村民参与是乡村发展的根本，也是乡村发展的目标，只有广泛的村民参与才能保证村庄的良好、持续发展。另外，侨胞资源也是围头村发展的重要源泉，每当有重大建设项目时侨胞所给予的各种形式的帮助，都成为围头村发展的重要保障。

第五，多渠道筹集资金，开创福建省第一个集体经济"农股贷"。在长期发展中，围头村形成了政府拨款、侨胞捐款与村内自筹相结合的村庄发展资金募集方式。首先，围头村全力发掘村庄资源积极申报各类项目，先后获批 AAAA 级旅游景区、中国传统村落、全国第三批综合减灾示范社区、福建省首批休闲农业示范点、晋江市十大典型示范村等众多建设项目，获得了大量的政府拨款。对于村庄重要建筑的修缮，市政府给予了政策、资金上的大力支持。其次，侨胞捐款也为围头村发展提供了大量资金。村内每有重大建设项目，便由村领导或相关人前往海外向本村旅外侨胞募资，对有捐款的侨胞赠予荣誉村民（市民）称号，并在村内大力宣传，提升华侨满足感、荣誉感。村内学校、敬老院、新的民兵哨所等大部分建设项目资金都主要来自侨胞捐款。最后，围头村还十分注重村民发扬主人翁意识，积极组织村民捐款，滴水成涓，也为村庄发展提供了资金保障，还提高了村民的归属感、荣誉感。

2016 年在完成土地确权工作后，围头村成立集体经济联合社，处理村民集体经济股权划分和分红问题，在股权资格评定的过程中由联合社监督，使得村民之间处于信息透明的状态，也解决了土地出租收益划分、海域划分、村内集体资产私自占有等历史问题，为重新塑造安全稳定的乡村社会环境做出了很大贡献。

近年来，晋江市委、市政府高度重视"三农"工作，制定出台《晋江市农村集体经济组织管理暂行规定》《晋江市农村集体经济组织成员资格认定指导意见》，明确集体经济组织成员资格认定办法，并以晋江市被列为国家级农村集体产权制度改革试点县（市）为契机，对村级集体经营性资产进行了清产核资，成立经联社，将农村集体资产折股量化到户。截至 2019 年 1 月末，全市已有 108 个村将农村集体资产全部折股量化到成员，完成了农村集体产权股份合作制改革工作。[①] 若以农村集体经济组织股权作为质押物，就可实现商业银行机构的抵押贷款，则可有效突破经联社及其成员融资瓶颈，从而有利于支持"三农"发展。

2018 年以来，中国人民银行晋江市支行和晋江市农业局积极推动辖内金融机构开办农村集体经济组织股权质押贷款。同年，由晋江市委市政府主办的晋江市农村集体经济组织股权质押贷款启动仪式在辖内围头村举行，晋江农商银行以股权质押的形式，对金井镇围头村股份经济联合社 10 名股东发放"农股贷"贷款 175 万元。福建省农村集体经济组织股权质押融资实现了零突破。[②] 这有助于创新融资渠道，提高农村集体经济组织及其成员的金融可得性，同时加大金融覆盖面，实现对"三农"有效支持力度，探索壮大发展村级集体经济新的金融模式和运行机制。

农村集体产权制度改革的一个重要目标是探索农村集体所有制有效实现形式，盘活农村集体沉睡的资源和资产，以壮大农村集体经济。晋江市探索的集体经济组织股权质押融资机制，是对农民所享有的集体经济组织股份权能的有效落实和保障，是农民实现其财产性收益的重要手段。同时对于化解

---

① 黄文忠：《对推动农村集体经济组织股权质押贷款的思考》，《福建金融》2019 年第 10 期。
② 黄文忠：《对推动农村集体经济组织股权质押贷款的思考》，《福建金融》2019 年第 10 期。

农民的信贷约束，增加农民融资渠道具有重要作用，有助于农民更好地获得金融服务以增加农民收入。晋江市的这个举措具有重要的借鉴和推广价值，对于福建省构建农村普惠金融体系，化解农村经济发展的信贷约束，具有重要的借鉴意义。

（二）厦门市青礁村院前社：多元参与合作社机制模式

1. 村落基本情况

青礁院前社位于厦门市海沧马青路与角嵩路交接处内侧，是一个闽南传统村落。历史积淀下，村中孕育了无数闽台文化瑰宝。2014 年初，"美丽厦门·共同缔造"的社区建设政策发布，院前社自主探索转型道路，从曾经的"空壳村"成功蜕变成为远近闻名的"闽台生态文化村"。

青礁村背有青山环绕，前临大海之滨，是中国历史文化名村、全国乡村旅游重点村、福建省金牌旅游村，是"开台王"颜思齐的故乡，至今仍是颜氏族群聚居地，闽南文化与历史底蕴深厚，各种历史文化景观包括古代高官的私宅"大夫第"、私塾学堂改造的古民居"学仔埕"等 39 座古厝，历史悠久，颜氏宗祠更是有着 700 多年的历史。它不仅是闽南文化生态保护区，也是海峡两岸文化交流的纽带。

青礁院前社是海沧区发展历史较早的古村落之一，得益于台湾同胞的帮助，村里的建筑都很优美。但最初的村子发展并不乐观，当地人以种菜为生，收益让人担忧，这迫使很多年轻人外出务工，土地大规模荒废，青礁村成了"空壳村"。近年在乡村振兴政策的引导下，全村动员进行乡村环境整治，村子改造，同时大批的年轻人回村创业，带动村民共同致富，加上台湾侨胞贡献，院前社的产业不断发展，产业优化转型，村民充分体会乡村振兴对生活改善的重大意义。

2. 村落特色产业业态

院前社基于厦门和漳州交接的地理优势，在海沧区政府的重点布局下，以及台湾知名乡村规划师的设计下，明确了其产业定位：以体验、参与式的亲子同游为形式，以多样化、趣味性为特征的城郊乡村休闲产业定位。2014年，为推动社区景观营建和乡村治理，青年村民及乡贤成立了"济生缘合作社"，该合作社吸引了在外务工青年回乡集资创业，并逐渐明确了以"耕读文化"为特色的社区发展思路，即发展乡村生态体验农业、开辟城市儿童亲子自然教育、打造特色传统文化教育品牌等。目前，院前社逐渐形成以下特色产业业态。

第一，特色农业采摘亲子项目。以城市菜园为根基，开发了多种可供参与体验的包括农事活动、吃农家饭、畅享绿色生态等活动在内的亲子游项目，吸引周边市民前来体验。

第二，DIY式旅游业态。院前社在亲子共参与思路的基础上，引入济生缘凤梨酥观光工厂、"甜蜜派对"布丁馆、济生缘台大兰园等产业，创新性开发DIY式旅游等具有极强参与体验和新奇属性的项目，增加院前社的可游玩性。

第三，闽南乡村风貌景观观光业。院前社是厦门市海沧区青礁村下辖自然村，其自宋代开垦以来形成了传统的闽南乡村风貌，是闽南文化生态保护区，适合发展闽南乡村观光业。

第四，搭建文化平台，弘扬传统文化。随着院前社旅游业各项基础设施的完善，院前社将产业重心转向颜氏家训和闽南传统文化的推广。逐渐将客源转向中小学生，各党支部组织，尤其是针对中小学生，组织协办各类耕读文化、国学及闽南文化大讲堂，引导他们学习、认知闽南传统文化。

3. 合作社运营模式

院前社在对乡村治理的工作中，形成了一支有乡土理念和乡土情怀的青年团队，其中以陈俊雄为社长成立了济生缘合作社，以慈济、共生和缘分的理念，吸纳村庄外流的人才，以资金和土地入股模式获取合作社第一笔资金。形成了以合作社带动、特色产业为基础的全民参与的良好发展的新局面。

第一，以合作社为平台开展乡村治理和产业发展工作。

第二，首先，济生缘合作社中的青年们在乡村治理过程中表现出的精神感动了村民，吸引了更多村民投身到村庄建设中。

其次，济生缘合作社一直秉承着"发展产业先服务村中老人"的理念，主体带动获得了村中老人的认可和支持。乡土社会中，村中老人往往比年轻人更有号召力，获得老人们的支持有利于合作社团队的壮大。很多老人纷纷加入合作社，共商大计，在村庄发展中发挥了重要作用。

最后，济生缘合作社还积极开展调解村内矛盾、协调人际关系、统筹协调村内资源发展产业以及乡村规划等各项工作。在合作社的努力下，村民们看到了发展的希望和前景，纷纷加入合作社，加快了村庄的建设发展速度。

第二，以项目入股的方式带动资金流量和村民的积极性。院前社早期的主营业务主要是城市菜园，资金主要来源于菜园租金、青年创业贴息贷款和参股股金等，在获得一定成效后，出现了部分村民只投资却不参与生产经营的问题。由此，院前社充分意识到这种模式不利于调动村民参与积极性，村庄人力资源无法得到充分利用，终会导致产业发展和村庄发展的危机。因此将运营模式从吸纳单纯的资金入股转为以项目参股的方式，即村民带着自己的项目在院前社落地，这一定程度上广泛吸引外来资金和项目。如济生缘凤梨酥观光工厂、好时光友善乡礼、台湾牛樟芝养生馆皆为该模式的典型案例。以项目入股的模式，为院前社产业管理和运营提供了新的思路。

第三，多方参与的合作社机制是产业发展的重要推力。纵观院前社发展之路可知，院前社的乡村治理和产业发展体现了全民参与性。合作社、村民、村内队长、老人会、乡贤共同打造了院前社合作、治理、创业的一体化共享平台。可见，村庄的发展仅靠几个人或个别组织是无法完成的，必须通过良好的社会关系和合理的利益联结机制，广泛发挥所有力量共同参与进来。只有这样，才能形成高效交流、有效沟通的多方参与、共赢的合作机制，才能在村庄规划、产业发展、村民致富、弘扬文化等各方面取得良好发展。

第四，村民的组织化程度是村庄持续发展的内源性动力。村民组织化水平的提高是院前社发展的重要基础。以爱家乡的青年人为主成立的济生缘合作社，与他地合作社以生产性互助为主不同，他们旨在构建一个互相帮助、投工投劳的高效共赢的村内平台。取得一定成效后，逐步得到村民广泛的支持和踊跃参与。随着发展的深入和社会各界及政府的支持，合作社又与村民、村内队长、老人会、乡贤等组织和个人积极合作，形成了以村民共议、村内合作为基础，兼具市场开发、产业管理和产品设计等多功能主体，成功打造了院前社合作、治理、创业的一体化共享平台。可以说，从村庄治理到产业发展都离不开村民的组织化运行，也只有村民组织化水平的提高，才能克服发展中的各类问题。

（三）福清市牛宅村：多元资金整合模式

1. 村落基本情况

牛宅村位处福清市东部，隶属于福清市海口镇，古称"吴泽""龙泽"，始建于公元699年，至今有1300多年历史，是北宋名臣郑侠的出生地，也是东南亚商界巨擘、我国著名侨领林绍良先生的故乡。牛宅村因其优越的自然环境被誉为"福清小杭州"。村庄有6平方公里，由牛宅和山下2个自然村组成，总人口近6700人，距福州市区、元洪码头、长乐机场等地交通便捷。先后获得"中国美丽休闲乡村""福建省最美休闲乡村""福建省侨乡文化名镇名村""福建省文明村"等荣誉称号。

该村地处福清市海口镇东岳山麓和龙江之畔，因为全境由低丘和平原组成，地形似飞燕下山，古有"燕穴"之称。牛宅村不仅充分发挥了地处福州新区福清功能区的地理优势，而且努力调动侨胞众多的资源优势，积极实施"头雁工程""双培工程""三带工程"，发挥村党委书记领头雁作用，把党员培养成经济能人，把经济能人培养成党员，紧扣经济中心，培育壮财路，形成了"党员带村民，乡贤带村民，乡企带村民"的带领作用链，大力推进乡村振兴工作。

2. 村落特色产业业态

目前牛宅村基本形成了融本地乡土文化与海洋文化于一炉，涵盖华侨历史建筑、侨捐公益工程、涉侨非物质文化于一体的侨乡特色文化与经济社会发展体系，相继获得"福建省侨乡文化名镇名村""福清市社会主义新农村建设示范单位"等荣誉称号。

第一，发展农耕文明，绿色休闲农业。通过传承农耕文明文化、保护当地的古宅古建筑，依靠优越的地理优势和自然条件，发展休闲农业。建立了全福建第一家绿色"休闲农场"，吸引大批游客观光旅游，提高了当地经济效益。

第二，修建基础设施，利用开发景观资源。牛宅村不仅拥有优美的自然风光，还有着众多著名的人文景观。村两委不断加大基础设施建设，利用位于海边的200多亩闲置杂地建设江滨公园，依山傍水的江滨公园给村民、游客不仅提供了休闲锻炼的场地，同时也完成两条主体景观大道的改造，投资2亿元兴建林绍良先生纪念馆，这些新开发的景观资源使牛宅村乡村风光更加美丽。

第三，牛宅村闽剧文化品牌化。牛宅村的文化源远流长，博大精深，尤其是当地的闽剧文化。村政府不以营利为目的，将村落闽剧文化与美丽乡村建设相结合，提升农村品牌的价值。

第四，走可持续发展的生态乡村建设之路。乡村建设要在保护生态环境的基础上进行。以可持续发展的眼光，将自然生态资源转化为经济效益。牛宅村的百香果长廊、龙泽江滨公园、渔场等都是生态效益与经济效益相结合的典型例子。新的理念和思想指导，能够在保护生态资源的同时为农村居民带来经济效益，推动美丽乡村建设。

3. 多元管理模式和多元资金整合模式

第一，创新管理，打造"村党组织 + 乡贤促进会"的基层管理模式。近年来，牛宅村坚持强化组织建设，以基层党建带动乡村发展。第一是带头人，牛宅村"带头人"党支部书记林惠明、主任郑文明带领村"两委"成员以"重视党建，抓好党风，完善组织班子"为己任，以"带领百姓致富，发展产业繁荣"为使命，围绕发展、瞄准问题，走出了一条符合牛宅村的以党建为主要引导的乡村治理新路。第二是队伍建设。近年来村党支部结合实际创新组织建设，组建功能型党支部，着力培养"双强"党员分子并引领班子发展，形成了"头雁引领，群雁高飞"的浓厚氛围，加强党支部规范化建设，明确党内部工作流程，大力加强党员干部工作服务能力。

此外，积极发挥乡贤作用，推行特色乡贤委员会制度。作为典型侨乡的牛宅村，"乡贤资源"是推进招商引资、乡村建设的重要力量，牛宅村成立了牛宅村乡贤促进会，大力实施"归巢"计划，通过促进会联系乡贤，统筹协调乡贤开展扶村工作。重点关注牛宅村当地创业基础人员、大学生村官、在校大学生等群体，积极引导乡贤反哺故土，充分发挥乡贤在牛宅村发展过程中的物质、人力、项目等重要资源价值。三林集团总裁林逢生先生及其先严侨领林绍良先生对家乡事业的贡献最为显著，目前由三林集团全额出资三亿多元在建的省重点建设项目华侨公园、正在筹建的瑞岩山 AAAAA 级景区等项目都是牛宅村当前最为重要的建设项目。还有村内乡贤为家乡的贡献，35名乡贤为建宴会厅共筹集资金达 380 万元，以及乡村道路、祠堂、庙宇的组织修建工作都是在广大乡贤支持下完成的。

村领导班子坚持采取"1+2"模式（即村"两委"班子成员 + 骨干党员）分片走进群众，围绕纠纷排查、就业保障等村民的实际问题，完善站式服务平台，发动党员干部、社会乡贤等多方力量，通过采取明确化解对象、制定帮扶化解方案的方式，为村民生产生活提供全面的保障。

第二，村两委领导重视生态建设，带领村民在全村范围内大量植树造林，大量宣传生态理念转变党员干部群众的生态观念，具体集中体现为"三绿"工程。乡村振兴战略提出"生态宜居是关键"，这让牛宅村两委和党员群众对于生态文明建设的认识再一次上升到新的高度。村领导开始重视发挥本村的生态优势，发展乡村旅游业。牛宅村于 2009 年开始大量引进外资，为农户搭起与企业沟通的桥梁，开办包括种植园、采摘园等各类乡村生活体验项目，尤以原始森林为基础开发起来的"森林人家"旅游项目成效最为显著。2018 年牛宅村接待游客高达 48 万人，经济效益达 2000 万元。

第三，多元资金整合模式。乡村建设的过程中，资金的充足并得到合理有效使用是重要保障。牛宅村注重发挥财政资金的作用，灵活有效地运用各类奖补资金，同时积极整合涉农项目的相关资金，鼓励和吸引乡贤资金和群众自有资金参与到农村建设中，逐步打造了一个包括农民，政府、集体、社会在内的多元化投入格局，实现资金的整合，更好地推动美丽乡村建设。

第八章 传统村落特色文化产业发展的金融支持评估体系构建

传统村落金融支持文化产业发展评估体系设计中，包含三重目的：第一，评估农村金融结构、组织化程度、金融覆盖率以及金融获得率，评估当前某传统村落的金融支持体系普惠度和适应性。第二，评估农村特色文化产业发展体系——资源禀赋利用率、产业规模、产业分布、收入增加值，评估某村落特色产业发展的成熟度和就业量实现；第三，制度体系，包括金融资源与特色文化产业的衔接机制、村社治理体系、公共政策、法律法规等，评估某村落制度性因素的完备度。该评估体系在因素与因素相比较时，会发现一很难完全用定量的方法对其描述，二针对第三个评估目的，各个因素相对贡献权重较难定量化。因此针对这类问题，尝试用模糊层次分析法来构建指标体系，它是一种定性与定量相结合的研究方法。通过分层次地比较因素与因素间的贡献度，让复杂的决策系统简单化，从而为决策者提供分析和决策的依据。本章尝试用模糊层次分析法来设计传统村落特色文化产业发展的金融支持的评估指标体系。

一、传统村落金融支持特色文化产业评估背景

传统错落所富含的特色文化资源、随着人均收入水平上升不断扩张的文

化消费市场以及各级政府出台的扶植政策和金融普惠等有利条件，都使得乡村特色文化产业的快速发展呈现出可行性和可期性。但是由于城乡发展不平衡、二元结构显著，文化企业规模普遍偏小，资产基础薄弱，村民整体文化产业发展意识薄弱，因此多数特色文化企业管理上大都处于放任自流状态。同时文化企业缺乏相应投融资平台和渠道、管理专业人才较少，文化企业片面追求经济利益最大化，都导致企业难以实现可持续发展。因此，我们应充分挖掘乡村特色文化资源、发挥生态和文化优势，努力解决乡村文化产业面临的问题，积极探索发展乡村特色文化产业的路径。

本章基于特色文化产业体系，从金融支持、文化产业和制度因素结合，构建涉台传统村落特色文化产业发展的金融支持评估指标体系，并建立参考性的分析模型和分析框架，对传统村落展开分析，发现问题并提出思考，最终寻找解决问题的思路。

二、传统村落特色文化产业发展的金融支持体系评估指标构建原则

传统村落金融支持文化产业发展评估指标体系是一个由多种因素构成的整体，各因素之间密切联系，相互衔接。该指标体系评估金融支持体系的建构、特色文化产业发展，以及金融与特色文化产业的衔接机制等。评价指标的选取是否科学、权重设定是否合理将会直接影响到评价结果的真实性和准确性，因此在指标选取时，应遵循以下原则：

（一）系统性、层次性和管理性

传统村落特色文化产业发展的金融支持体系评估是一个不可分割的整体，在对金融支持体系的建构和特色文化产业发展，以及包括金融资源与特色文化产业的衔接机制评价指标体系建立的过程中要遵循系统性和全面性原则。系统性是指所构建的指标体系是一个系统化、层次性的指标体系，反映传统村落金融支持与特色文化产业发展联系；指标体系不仅要考虑指标与指

标之间的关系，还要从多个角度全面地反映出特色文化产业发展的支持体系、特征和发展状态。因此选取的指标不仅能全面、系统地反映整体特色文化产业发展的优劣，也能反映出金融支持体系的优良度。

（二）客观性、科学性和适用性

传统村落金融支持特色文化产业评价所建立的指标体系必须客观如实地反映传统村落特色产业的特征。科学性可以帮助避免因文化或地域的差异导致评价指标地方化、片面性和随机性等问题。由于传统村落金融支持体系、特色文化产业文化资源涉及多方面，不同区域或不同文化背景下的村落与村落之间差异较大，因此在选取指标时，要根据调研目的地的具体情况，在保证科学性的前提下，选择具有普遍适用性的指标，构建相应的传统村落特色文化产业发展的金融支持体系的评价体系。

（三）独立性、明确性和相关性

由于在选取传统村落金融支持文化产业发展评价指标时可能会出现指标与指标之间内容交叉或者界限模糊等问题，我们在构建指标过程中要注意保证每个指标的内涵明确且指标之间相互独立。其中，明确指标体系中各个指标的内涵是保证指标之间能够分割清楚，且互相联系。明确性可以避免选取指标时产生的相互重叠或相互关联等问题，从而增强选取的指标的说服力。

三、传统村落特色文化产业金融支持体系评估依据以及步骤

对传统村落特色文化产业发展的金融支持体系进行评估，目的是评估在各项政策规划实施过程中传统村落特色文化产业发展体系的综合发展情况，明确在特色文化产业发展过程中金融支持体系、相关制度因素是否对传统村落特色文化产业发展产生影响。以传统村落特色文化产业发展的金融综合支撑体系作为评估对象，力求产生规范完整的评估效果，这样的金融支持能够

使特色文化产业的发展提升更加清晰，更有针对性，又能使特色文化资源价值能够更好地得以发展和保护。其步骤是：

（一）传统村落特色文化产业发展价值分析

传统村落是人们物质和精神的重要载体，对传统村落特色文化产业发展的研究核心是先从其价值入手，传统村落特色文化产业发展中涉及的产业规模、产业分布、产业品牌以及带动的当地村落的就业量等体现了特色文化产业的价值，是发展过程中重要的因素，保护发展传统村落第一步要先明确传统村落特色文化价值所在，进而评估其特色文化产业总体发展成熟度。

（二）传统村落特色文化产业发展的金融支持体系框架信息提取

传统村落特色文化产业发展的金融支持体系信息包含定性和定量的信息提取。首先要明确其具体包含的内容，并且尽可能包括更加全面、充足的信息。如前所述，传统村落金融支持文化产业发展评估体系设计中，包含三重目的：第一，评估农村金融结构、组织化程度、金融覆盖率以及金融获得率，评估当前某传统村落的金融支持体系普惠度和适应性；第二，评估农村特色文化产业发展体系：资源禀赋利用率、产业规模、产业分布、收入增加值，评估某村落特色产业发展的成熟度和就业量实现；第三，制度体系，包括金融资源与特色文化产业的衔接机制、村社治理体系、公共政策、法律法规等，评估某村落制度性因素的完备度。因此，传统村落特色文化产业金融支持体系的评估，要积极开展田野调查，明确信息提取部门，对应信息搜集方法，并且做好信息处理工作。

（三）传统村落特色文化产业发展的金融支持体系评估标准梳理

评估农村特色文化产业发展体系：资源禀赋利用率、产业规模、产业分布、收入增加值，评估某村落特色产业发展的成熟度和就业量实现。评估金融支持体系：农村金融结构、组织化程度、金融覆盖率以及金融获得率，评估当前某传统村落的金融支持体系普惠度和适应性。评估制度体系：金融资源与特色文化产业的衔接机制、村社治理体系、公共政策、法律法规等，评估某村落制度性因素的完备度。以上是评估的重要内容，同时对照传统村落特色文化产业发展规划内容，对照当前农村金融各项政策指标体系，进一步明确传统村落特色文化产业金融支持体系发展规划实施评估中评估的标准，才能更有针对性，有更加聚焦的评估。

四、传统村落特色文化产业金融支持评估指标体系架构

本章结合相关学者的研究基础，在传统村落特色文化产业的实际特征下，运用层次分析法与模糊综合评估法，确定传统村落的特色文化产业价值的评估流程，确定金融支持体系普惠性和适应性的评估流程，确定综合制度体系的完备度的评估流程，对传统村落特色文化产业发展的金融支持体系综合价值进行评估，主要包括建立评价指标结构模型、根据专家打分确定评价指标权重、根据专家打分设置评价指标评分、评价结果输出、再综合村民调研实际情况进行检验，最终确定适应特色文化产业发展金融支持体系。首先用模糊层次分析法来构建传统村落特色文化产业发展金融支持体系评估指标体系。

（一）传统村落特色文化产业发展金融支持体系评价指标建立

如表8-1，评估指标体系建立分成四个层级：目标层—准则层—一级指标—二级指标。目标层是评估指标体系的分析对象，旨在较为客观全面地反映评估对象的现实情况，本指标体系要反映传统村落特色文化产业金融支持的现实情况。准则层表示从三个角度来设立评估指标，包含金融支持、产业发展和制度体系。

表 8-1：传统村落特色文化产业金融支持评价指标体系

目标层	准则层	一级指标层	二级指标层
传统村落特色文化产业发展的金融支持体系 A	村落金融支持 B1	外置金融 C1	财政支持 D1 商业银行贷款 D2 其他资金支持 D3
		内置金融 C2	资金互助规模 D4 小额信贷覆盖率 D5 村民组织化率 D6 产业功能 D7
	特色文化产业 B2	文化产业业态 C3	特色文化资源开发 D8 创意技术应用 D9 产业结构和产业融合 D10 文化 IP（品牌）建设数量 D11
		文化产业产值 C4	文旅市场规模 D12 产业增加值 D13 就业增加值 D14 村民收入增长 D15
	村落制度体系 B3	公共行政 C5	政策规章制度 D16 考核机制 D17
		衔接机制 C6	资金使用效率 D18 财政支持产业项目 D19 商业银行贷款项目 D20 合作金融产业项目 D21

1. 金融支持

评估当前某传统村落的金融支持体系普惠度和适应性。当前的金融支持体系中包含外置金融支持和内置金融支持两个一级指标。外置金融包含政策性金融、商业型金融以及其他资金支持三个二级指标。体现政策性金融的直接标准是财政支持额度（以补贴、项目的方式进行），商业型金融的直接标准是满足农贷需求的覆盖率（贷款农户数、贷款金额以及金融服务覆盖率），其他资金支持包括私人资本和海外侨胞捐款等资金支持。

"内置金融"是本章考察的重点。"内置金融"的直接标准（二级指标）包括资金互助规模（存贷规模）、小额贷款覆盖率以及"内置金融"村社的村民组织化比率（村民入股占比）以及"内置金融"发挥的产业功能，包括土地承包权经营权实现抵押经营、特色产业专业合作社基础上的资金互助、成立特色产业集体经济组织等。

2. 特色文化产业发展

评估当前某村落特色文化产业发展的产业成熟度和就业量实现；特色文化产业发展的评估分为文化产业业态和文化产业产值两个一级指标。文化产业业态考察特色资源开发、文化品牌（IP）的建设、创意技术应用以及产业结构和产业融合。特色资源开发、品牌建设是考察传统村落产业的"特色性"，创意技术的加持以及产业分布和交融，考察文化产业业态的更新。文化产业产值考察文旅市场规模（特色文化产业与文旅市场消费密切相关）、文化产业增加值、就业增量和村民收入增长，这些指标反映特色文化产业发展的成熟度和带动当地就业量增长、农民收入增长的能力。

3. 制度体系

评估当前某村落制度性因素的完备度包括公共行政和衔接机制两个一级指标。公共行政指标考察村"两委"或基层党组织有关特色文化产业发展出台的相应政策规章制度、发展规划方案等，以及村"两委"或基层党组织、乡贤等的责任和业绩的考核机制。衔接机制主要考察金融支持特色文化产业发展的推动机制，包括资金使用效率（资金占特色文化产业产值比重）以及体现产业针对性的财政支持产业项目（特色文化产业项目）、商业银行贷款项目（贷款用途为发展特色文化产业）和合作金融产业项目（专业合作社特色文化产业资金互助融资）。

（二）基于 FAHP 法（模糊层次分析法）的各级指标权重确定

在各级指标体系确定前提下，基于模糊层次分析法对传统村落特色文化产业金融支持体系各级指标权重进行设定。

1. 聘请专家对各指标打分处理 [①]

基于模糊层次分析法，在传统村落特色文化产业金融支持体系评价指标权重的确定上，邀请了传统村落文化产业金融领域的 6 位专家进行打分，打分使用 0.1—0.9 标度法对评价指标进行两两评分，具体运算过程如下。

表 8-2：传统村落特色文化产业金融支持体系评价指标 A 专家打分

	村落金融支持 B1	特色文化产业 B2	村落制度体系 B3
村落金融支持 B1	0.5；0.5；0.5；0.5；0.5；0.5	0.6；0.7；0.6；0.8；0.5；0.7	0.5；0.4；0.6；0.3；0.5；0.6
特色文化产业 B2	0.4；0.3；0.4；0.2；0.5；0.3	0.5；0.5；0.5；0.5；0.5；0.5	0.4；0.3；0.5；0.2；0.4；0.3
村落制度体系 B3	0.5；0.6；0.4；0.7；0.5；0.4	0.6；0.7；0.5；0.8；0.6；0.7	0.5；0.5；0.5；0.5；0.5；0.5

表 8-3：村落金融支持 B1 专家打分

	外置金融支持 C1	内置金融支持 C2
外置金融支持 C1	0.5；0.5；0.5；0.5；0.5；0.5	0.6；0.7；0.6；0.8；0.5；0.7
内置金融支持 C2	0.4；0.3；0.4；0.2；0.5；0.3	0.5；0.5；0.5；0.5；0.5；0.5

表 8-4：特色文化产业发展 B2 专家打分

	文化产业业态 C3	文化产业产值 C4
文化产业业态 C3	0.5；0.5；0.5；0.5；0.5；0.5	0.6；0.7；0.6；0.8；0.5；0.7
文化产业产值 C4	0.4；0.3；0.4；0.2；0.5；0.3	0.5；0.5；0.5；0.5；0.5；0.5

---

① 本权重的设定是基于模型方法的应用聘请相关专家对各级指标进行打分，主要目的在于建构完整的指标体系，因此专家打分及最后权重仅具有参考性，不具有完全适用性。

表 8-5：村落制度体系 B3 专家打分

	公共政策 C5	行政考核 C6
公共政策 C5	0.5；0.5；0.5；0.5；0.5；0.5	0.6；0.7；0.6；0.8；0.5；0.7
行政考核 C6	0.4；0.3；0.4；0.2；0.5；0.3	0.5；0.5；0.5；0.5；0.5；0.5

表 8-6：外置金融 C1 专家打分

	财政支持 D1	商业银行贷款 D2	其他资金支持 D3
财政支持 D1	0.5；0.5；0.5；0.5；0.5；0.5	0.6；0.7；0.6；0.8；0.5；0.7	0.5；0.4；0.6；0.3；0.5；0.6
商业银行贷款 D2	0.4；0.3；0.4；0.2；0.5；0.3	0.5；0.5；0.5；0.5；0.5；0.5	0.4；0.3；0.5；0.2；0.4；0.3
其他资金支持 D3	0.5；0.6；0.4；0.7；0.5；0.4	0.6；0.7；0.5；0.8；0.6；0.7	0.5；0.5；0.5；0.5；0.5；0.5

表 8-7：内置金融 C2 专家打分

	资金互助规模 D4	小额信贷覆盖率 D5	村民组织化率 D6	产业功能 D7
资金互助规模 D4	0.5；0.5；0.5；0.5；0.5；0.5	0.6；0.5；0.6；0.6；0.5；0.7	0.5；0.4；0.6；0.3；0.5；0.6	0.5；0.4；0.3；0.4；0.5；0.4
小额信贷覆盖率 D5	0.4；0.5；0.4；0.4；0.5；0.3	0.5；0.5；0.5；0.5；0.5；0.5	0.4；0.3；0.5；0.2；0.4；0.3	0.5；0.4；0.5；0.3；0.5；0.4
村民组织化率 D6	0.5；0.6；0.4；0.7；0.5；0.4	0.6；0.7；0.5；0.8；0.6；0.7	0.5；0.5；0.5；0.5；0.5；0.5	0.4；0.5；0.3；0.4；0.5；0.4
产业功能 D7	0.5；0.6；0.7；0.6；0.5；0.6	0.5；0.6；0.5；0.7；0.5；0.4	0.6；0.5；0.7；0.6；0.5；0.6	0.5；0.5；0.5；0.5；0.5；0.5

表 8-8：文化产业业态 C3 专家打分

	特色文化资源 开发 D8	创意技术应用 D9	产业结构和产业 融合 D10	文化 IP 建设数量 D11
特色文化资源开发 D8	0.5；0.5；0.5； 0.5；0.5；0.5	0.6；0.7；0.6； 0.8；0.5；0.7	0.5；0.4；0.6； 0.3；0.5；0.6	0.4；0.3；0.4； 0.5；0.4；0.3
创意技术应用 D9	0.4；0.3；0.4； 0.2；0.5；0.3	0.5；0.5；0.5； 0.5；0.5；0.5	0.4；0.3；0.5； 0.2；0.4；0.3	0.4；0.3；0.4； 0.4；0.4；0.3
产业结构和产业融合 D10	0.5；0.6；0.4； 0.7；0.5；0.4	0.6；0.7；0.5； 0.8；0.6；0.7	0.5；0.5；0.5； 0.5；0.5；0.5	0.5；0.4；0.5； 0.5；0.4；0.5
文化品牌（IP）建设数量 D11	0.6；0.7；0.6； 0.5；0.6；0.7	0.6；0.7；0.6； 0.6；0.6；0.7	0.5；0.6；0.5； 0.5；0.6；0.5	0.5；0.5；0.5； 0.5；0.5；0.5

表 8-9：文化产业产值 C4 专家打分

	文旅市场规模 D12	产业增加值 D13	就业增加量 D14	村民收入增长 D15
文旅市场规模 D12	0.5；0.5；0.5； 0.5；0.5；0.5	0.6；0.7；0.6； 0.8；0.5；0.7	0.5；0.4；0.6； 0.3；0.5；0.6	0.5；0.4；0.5； 0.4；0.5；0.5
产业增加值 D13	0.4；0.3；0.4； 0.2；0.5；0.3	0.5；0.5；0.5； 0.5；0.5；0.5	0.4；0.3；0.5； 0.2；0.4；0.3	0.5；0.4；0.3； 0.4；0.4；0.3
就业增加量 D14	0.5；0.6；0.4； 0.7；0.5；0.4	0.6；0.7；0.5； 0.8；0.6；0.7	0.5；0.5；0.5； 0.5；0.5；0.5	0.5；0.4；0.3； 0.4；0.3；0.3
村民收入增长 D15	0.5；0.6；0.5； 0.6；0.5；0.5	0.5；0.6；0.7； 0.6；0.7	0.5；0.6；0.7； 0.6；0.7；0.7	0.5；0.5；0.5； 0.5；0.5；0.5

表 8-10：公共行政 C5 专家打分

	政治规章制度 D16	考核机制 D17
政治规章制度 D16	0.5；0.5；0.5；0.5；0.5；0.5	0.6；0.7；0.6；0.8；0.5；0.7
考核机制 D17	0.4；0.3；0.4；0.2；0.5；0.3	0.5；0.5；0.5；0.5；0.5；0.5

表 8-11：衔接机制 C6 专家打分

	资金使用效率 D18	财政支持产业项目 D19	商业银行贷款项目 D20	合作金融产业项目 D21
资金使用效率 D18	0.5；0.5；0.5；0.5；0.5；0.5	0.6；0.7；0.6；0.8；0.5；0.7	0.5；0.4；0.6；0.3；0.5；0.6	0.3；0.4；0.5；0.4；0.5；0.3
财政支持产业项目 D19	0.4；0.3；0.4；0.2；0.5；0.3	0.5；0.5；0.5；0.5；0.5；0.5	0.4；0.3；0.5；0.2；0.4；0.3	0.3；0.4；0.3；0.2；0.5；0.6
商业银行贷款项目 D20	0.5；0.6；0.4；0.7；0.5；0.4	0.6；0.7；0.5；0.8；0.6；0.7	0.5；0.5；0.5；0.5；0.5；0.5	0.4；0.5；0.4；0.3；0.5；0.5
合作金融产业项目 D21	0.7；0.6；0.5；0.6；0.7	0.7；0.6；0.7；0.8；0.5；0.4	0.6；0.5；0.6；0.7；0.5；0.5	0.5；0.5；0.5；0.5；0.5；0.5

2. 模糊层次分析评分矩阵 A 的构建

基于以上 6 位专家的数据，得到模糊层次分析评分矩阵 A：

$$A_A = \begin{pmatrix} 0.5 & 0.65 & 0.483 \\ 0.35 & 0.5 & 0.35 \\ 0.517 & 0.65 & 0.5 \end{pmatrix}$$

$$A_{B1} = \begin{pmatrix} 0.5 & 0.65 \\ 0.35 & 0.5 \end{pmatrix} \quad A_{B2} = \begin{pmatrix} 0.5 & 0.65 \\ 0.35 & 0.5 \end{pmatrix} \quad A_{B3} = \begin{pmatrix} 0.5 & 0.65 \\ 0.35 & 0.5 \end{pmatrix}$$

$$A_{C1} = \begin{pmatrix} 0.5 & 0.65 & 0.483 \\ 0.35 & 0.5 & 0.35 \\ 0.517 & 0.65 & 0.5 \end{pmatrix}$$

$$A_{C2} = \begin{pmatrix} 0.5 & 0.583 & 0.483 & 0.35 \\ 0.417 & 0.5 & 0.35 & 0.433 \\ 0.517 & 0.65 & 0.5 & 0.417 \\ 0.65 & 0.567 & 0.583 & 0.5 \end{pmatrix}$$

$$A_{C3} = \begin{pmatrix} 0.5 & 0.583 & 0.483 & 0.383 \\ 0.417 & 0.5 & 0.35 & 0.367 \\ 0.517 & 0.65 & 0.5 & 0.467 \\ 0.617 & 0.633 & 0.533 & 0.5 \end{pmatrix}.$$

$$A_{C4} = \begin{pmatrix} 0.5 & 0.583 & 0.483 & 0.467 \\ 0.417 & 0.5 & 0.35 & 0.383 \\ 0.517 & 0.65 & 0.5 & 0.367 \\ 0.533 & 0.617 & 0.633 & 0.5 \end{pmatrix}$$

$$A_{C5} = \begin{pmatrix} 0.5 & 0.65 \\ 0.35 & 0.5 \end{pmatrix}$$

$$A_{C6} = \begin{pmatrix} 0.5 & 0.583 & 0.483 & 0.4 \\ 0.417 & 0.5 & 0.35 & 0.383 \\ 0.517 & 0.65 & 0.5 & 0.433 \\ 0.6 & 0.617 & 0.567 & 0.5 \end{pmatrix}$$

3. 模糊一致性矩阵 B 的构建

$$B_A \begin{pmatrix} 0.5 & 0.572 & 0.494 \\ 0.428 & 0.5 & 0.422 \\ 0.506 & 0.578 & 0.5 \end{pmatrix}$$

$$B_B \begin{pmatrix} 0.5 & 0.575 \\ 0.425 & 0.5 \end{pmatrix} \quad B_{B2} \begin{pmatrix} 0.5 & 0.575 \\ 0.425 & 0.5 \end{pmatrix} \quad B_{B3} \begin{pmatrix} 0.5 & 0.575 \\ 0.425 & 0.5 \end{pmatrix}$$

$$B_{C1}\begin{pmatrix} 0.5 & 0.65 & 0.483 \\ 0.35 & 0.5 & 0.35 \\ 0.517 & 0.65 & 0.5 \end{pmatrix}$$

$$B_{C2}\begin{pmatrix} 0.5 & 0.527 & 0.479 & 0.452 \\ 0.473 & 0.5 & 0.452 & 0.425 \\ 0.521 & 0.548 & 0.5 & 0.473 \\ 0.548 & 0.575 & 0.527 & 0.5 \end{pmatrix}$$

$$B_{C3}\begin{pmatrix} 0.5 & 0.539 & 0.477 & 0.458 \\ 0.461 & 0.5 & 0.438 & 0.419 \\ 0.523 & 0.562 & 0.5 & 0.481 \\ 0.542 & 0.581 & 0.519 & 0.5 \end{pmatrix}$$

$$B_{C4}\begin{pmatrix} 0.5 & 0.552 & 0.5 & 0.469 \\ 0.448 & 0.5 & 0.452 & 0.421 \\ 0.5 & 0.548 & 0.5 & 0.469 \\ 0.531 & 0.579 & 0.531 & 0.5 \end{pmatrix}$$

$$B_{C5}\begin{pmatrix} 0.5 & 0.575 \\ 0.425 & 0.5 \end{pmatrix}$$

$$B_{C6}\begin{pmatrix} 0.5 & 0.54 & 0.483 & 0.460 \\ 0.46 & 0.5 & 0.444 & 0.421 \\ 0.517 & 0.556 & 0.5 & 0.477 \\ 0.54 & 0.579 & 0.523 & 0.5 \end{pmatrix}$$

4. 求各因素的权重值

$W_A = (0.355，0.283，0.362)$

$W_{B1} = (0.575，0.425)$

$W_{B2} = (0.575，0.425)$

$W_{B3} = (0.575，0.425)$

W_{C1}=(0.377，0.234，0.389)

W_{C2}=(0.243，0.225，0.257，0.275)

W_{C3}=(0.246，0.22，0.261，0.273)

W_{C4}=(0.252，0.221，0.253，0.274)

W_{C5}=(0.575，0.425)

W_{C6}=(0.248，0.221，0.259，0.272)

5. 构建各级指标全局权重及同级权重

表 8-12：各级指标全局权重及同级权重

准则层	权重	一级指标层	全局权重	同级权重	二级指标层	全局权重	同级权重
村落金融支持 B1	0.355	外置金融 C1	0.204	0.575	财政支持 D1	0.077	0.377
					商业银行贷款 D2	0.048	0.234
					其他资金支持 D3	0.079	0.389
		内置金融 C2	0.151	0.425	资金互助规模 D4	0.037	0.243
					小额信贷覆盖率 D5	0.034	0.225
					村民组织化率 D6	0.039	0.257
					产业功能 D7	0.042	0.275
特色文化产业 B2	0.283	文化产业业态 C3	0.163	0.575	特色文化资源开发 D8	0.04	0.246
					创意技术应用 D9	0.036	0.22
					产业结构和产业融合 D10	0.043	0.261
					文化品牌（IP）建设数量 D11	0.044	0.273
		文化产业价值 C4	0.121	0.425	文旅市场规模 D12	0.03	0.252
					产业增加值 D13	0.027	0.221
					就业增加量 D14	0.03	0.253
					村民收入增长 D15	0.033	0.274

续表

准则层	权重	一级指标层	全局权重	同级权重	二级指标层	全局权重	同级权重
村落制度体系 B3	0.362	公共行政 C5	0.208	0.575	政策规章制度 D16	0.153	0.575
					考核机制 D17	0.088	0.425
		衔接机制 C6	0.153	0.425	资金使用效率 D18	0.038	0.248
					财政支持产业项目 D19	0.034	0.221
					商业银行贷款项目 D20	0.04	0.259
					合作金融产业项目 D21	0.042	0.272

6. 评分标准构建

上文通过模糊层次分析法得到各级指标具体的权重，明确了各个指标对传统村落特色文化产业发展金融支持体系评价的影响程度。接下来构建评分标准，本章将传统村落特色文化产业发展金融支持指标划分为"优""良""中""差""劣"这 5 个不同的等级，并赋予 5—1 的分值。该评分可以通过数据调查以及问卷调查的方式，搜集每个指标的样本数据。

表 8-13：各级指标评分标准

准则层	一级指标层	二级指标层	评分标准				
			5	4	3	2	1
金融支持 B1	外置金融 C1	财政支持 D1 商业银行贷款 D2 其他资金支持 D3	优	良	中	差	劣
	内置金融 C2	资金互助规模 D4 小额信贷覆盖率 D5 村民组织化率 D6 产业功能 D7	优	良	中	差	劣

准则层	一级指标层	二级指标层	评分标准				
			5	4	3	2	1
特色文化产业 B2	文化产业业态 C3	特色文化资源开发 D8 创意技术应用 D9 产业结构和产业融合 D10 文化 IP（品牌）建设数量 D11	优	良	中	差	劣
	文化产业产值 C4	文旅市场规模 D12 产业增加值 D13 就业增加量 D14 村民收入增长 D15	优	良	中	差	劣
村落制度体系 B3	公共行政 C5	政策规章制度 D16 考核机制 D17	优	良	中	差	劣
	衔接机制 C6	资金使用效率 D18 财政支持产业项目 D19 商业银行贷款项目 D20 合作金融产业项目 D21	优	良	中	差	劣

7. 计算评估分值

最后采用模糊综合评价法对以上数据进行处理，计算分值，根据分值对研究的传统村落特色文化产业发展金融支持体系进行评价，并针对各指标所反映的问题提出相应的对策建议。最终分值计算公式如下：

$$V = B * VCT = W * R * VCT$$

其中 v 为模糊综合评判结果，W 为上文评测指标权重向量，R 为单因素指标统计权重，VCT 为指标分值集合（根据调查问卷评分值处理或者依据部分定量数据进行评分处理），依次算出各指标模糊综合评判结果，以此对传统村落特色文化产业发展的金融支持体系进行综合评价。该评估体系旨在分析农村金融支持传统村落特色文化产业发展的综合现实情况，同时还可以分级评估某传统村落的金融支持体系普惠度和适应性、评估某村落特色产业发展的成熟度和就业量提升、评估某村落制度性因素的完备度。

　　本评估指标体系的构建仅提供一个参考性评估模型，但暂缺乏实际案例和数据的验证，因此只是一个参考性框架。后续将进一步开展田野调查，结合实际材料对上述指标体系设定进行验证，并邀请专家对该指标体系论证后修正。

第九章　传统村落特色文化产业发展保障体系

　　本章从宏观、中观、微观维度进行制度与实际操作层面的顶层设计，提出构建包含政府、社区、村社组织、资金互助组织、专业合作社、商业信贷机构、市场、村委领导、基层党组织、乡贤、村民与侨胞等共同参与的保障体系，推进传统村落特色文化产业发展与提升的效果实现。本章传统村落特色文化产业发展保障体系分别从制度法律、政策资金、技术人才、文化教育以及配套服务展开论述。

一、制度和法律

　　乡村社会是熟人社会，一切社会关系基于亲缘建立，乡村社会的治理模式必然要尊重亲缘性的规律，需要采用不同于城市社会的治理方式。但是，长期以来，人们往往忽视了乡村社会与城市社会组织机制的根本区别，而简单地将城市治理方式搬至乡村，可能导致"先进的治理方式"水土不服，最终导致乡村治理失灵。党的十九大强调要推进乡村治理体系和治理能力现代化，夯实乡村振兴基层基础，同时提出"自治、法治与德治"的"三治融合"的乡村治理模式，这种模式遵循乡村熟人的社会形态。2019 年《关于加强和改进乡村治理的指导意见》中针对乡村治理，更加明确提出要坚持把保障和改善农村民生、促进农村和谐稳定作为根本目的，建立健全党委领导、政府负责、社会协同、公众参与、法治保障、科技支撑的现代乡村社会治理体制，以自治增活力、以法治强保障、以德治扬正气，健全党组织领导的自治、法治、德治相结合的乡村治理体系。基于此，我们可以总结出乡村治理的几个重要方向：坚持党的领导，激发村民的主体地位，尊重乡村的亲缘关系，推进法制框架的建立和弘扬正气的乡村风气。传统村落特色文化产业的发展，也应该基于"三治融合"，充分调动三治主体的积极性和协同性，共谋福利。

（一）建立多方联动责任体系，加强全体村民参与力度。

要实现传统村落特色文化产业的发展和提升，要注重对特色文化资源的多维保护和开发利用，必须在意识层面予以重视。首先，强化政府的政绩观意识。村政府作为传统村落特色文化资源保护利用的直接主体，要明确政府职责、明确考核机制、树立正确政绩观，把传统村落特色文化资源的活化利用作为使命，把传统村落保护和发展与资源产业化联系起来作为目标；树立高度责任感，积极发挥引领和宣传作用，引导村内主体，包括村民、团体、企业开发商等树立传统村落文化资源活化利用意识，并自发加入传统村落特色产业建设的队伍中来，努力创造传统村落特色文化产业品牌。

其次，加强民间社会的资源活化利用意识。尤其是传统村落项目开发商的保护意识，让他们了解到文化资源的利用和提升有助于转变农村经济发展模式，是推动农村经济发展的有效途径，文化与经济二者相互促进。

最后，加强村民的特色产业发展意识。第一，加强村民对文化资源重要性的认识，及时纠正村民文化资源保护的认知偏差，要树立主体意识，增强对本村落的文化和情感认同，把本村落看作与自身相关的重要财富。第二，加强村民对资源产业化重要性的认识。村民是传统村落特色资源保护和利用的主人翁，引导村民把文化资源保护和发展与提升经济发展水平相联系。

（二）村镇管理部门多方联动，加强特色文化产业发展和提升的专业性。

乡村文化资源的管理发展涉及多个部门，比如村落建设规划、自然遗产等方面的问题由住房和城乡建设部门负责，物质文化遗产相关事项交由国家文物部门负责，而非物质文化遗产方面则由文化部门管理。传统村落特色资源构成复杂，兼具物质和非物质文化遗产的特性，因此必须加强各管理部门的多方联动与合作，在对传统村落文化资源的活化利用上达成一致，发挥各自长处提高特色文化产业发展和提升的专业性水平。但事实是传统村落文化资源的管理缺乏一个明确的管理部门，在文化资源保护和利用上出现相互推诿，导致最终无法解决问题。因此，传统村落文化资源管理多方联动的同时要明确各部门的责任体系和考核机制。

（三）培养村民文化资源活化意识，鼓励村民自主管理与经营。

村民是传统村落文化资源的真正主人，对文化资源的历史价值较为熟悉，培养村民对特色文化资源的保护活化意识有助于文化资源的保护和利用。村民在文化资源活化利用上可以发挥以下作用：1. 主人翁意识。在文化资源保护利用工作中尊重村民意见，增强村民的管理经营能力，实现村民在感受传统村落文化资源的同时，积极承担起文化资源保护利用的义务。2. 宣传意识。通过新媒体技术加强传统村落特色文化宣传，加强传统村落风貌特色宣传，宣传引导文化资源保护意识，树立全民对文化资源的责任意识，同时避免村民主观意识偏差误导传统村落资源的不合理发展，致使传统村落文化资源流失。

（四）构建传统村落发展特色文化产业的政策法律框架。

《乡村振兴战略规划（2018—2022 年）》提出要"发展乡村特色文化产业"，指出"加强规划引导、典型示范，挖掘培养乡土文化本土人才，建设一批特色鲜明、优势突出的农耕文化产业展示区，打造一批特色文化产业乡镇、文化产业特色村和文化产业群"。可见，传统村落发展特色文化产业已经具备国家战略意义。但是，传统村落文化资源保护缺少完整且具体的管理条例，法规体系建设滞后，而地方性保护法规也都具有明显的地域性，并不一定适用于其他区域，作用有限。因此，要加速推进传统村落发展特色文化产业的法律框架体系的建设。此外，在保护利用文化资源上，要提升管理水平。首先，对文化资源进行持续有效的保护和利用，这要综合考虑管理部门的设置、资金的保障、专家的指导、村民的参与以及强有力的组织等环节，才能以高效的管理水平保证文化资源的运用。以专业的研究人员提供专业支持，以能力在身的管理人才亲自实施。其次，要跨学科研究，以综合视野识别与管理特色文化资源。传统村落文化资源的活化利用需要多领域研究的共同参与，将文化历史、文学与经济等跨学科研究成果进行有机整合，形成对传统村落文化资源的系统性把握与科学认知。因此在传统村落文化资源研究、保护、利用各个环节都需要跨部门跨学科专家团队的专业性指导，为文化资源的识别和管理提供全局性视野。

二、政策与资金

（一）传统村落特色文化资源 IP 发展政策——"一村一品"

1979 年，日本前知事平松守彦提出"一村一品"运动，该运动强调"推动产业升级，开发国外市场；独立自主，创新性打造国际知名品牌；培养人才，奠定可持续发展的基础；发挥政府的管控作用，对乡村产业进行引导与扶持；并不断地通过本土特色的挖掘，扩展产品的销售方式，振兴地方经济。""一村一品"能够激活传统村落内生发展动力，激活文化资源，以点带面，形成产业效应，并且在面对城乡多元化需求中，能够使传统村落做到小而活、小而精。

"一村一品"强调要留住传统村落的根脉，这与传统村落中遗存的文化资源密切相关。乡村的土壤里，蕴藏着有血有肉的文化。在传统社会，老年人口述故事具有重要的社会意义和文化传递功能，但随着互联网的普及，人们对口承知识的依赖，对遗存的文化资源依赖越来越小，这也使得人们对传统村落文化了解甚少，因此，保留乡土风情、保护文化资源、抢救农民记忆中是传统村落的一种社会责任。因此，在进行"一村一品"规划之前要充分挖掘传统村落的文化资源内涵，保留传统的文化底蕴，缺乏文化内涵的"一村一品"是不可持续的。

"一村一品"要充分挖掘传统村落文化资源，注重资源关联产业的叠加与整合，通过创意，打造成具有特色的独立的"IP"体系，依靠"IP"带动文旅产业融合发展，提升传统村落特色产业品牌形象，打造传统村落特色文化产业品牌 IP 建设，充分发挥品牌效应，建设"一村一品"特征标识，培育形成一批传统村落品牌。

"一村一品"需要吸引观念新、有活力、文化程度高的年轻人参与其中。推动传统村落的文化资源需要搭建历史与现代的活态桥梁，将传统与现代融合，这需要应用一些新媒体技术手段。比如，这些年的"乡土达人"利用短视频展现乡土文化资源，一定程度上满足了从小在城市里长大的年轻网友们对田园生活的向往，乡土传承，也让"一村一品"的美誉度被更快宣传和普及。

（二）传统村落产业更新策略

1. 乡村旅游是传统村落文化资源存续和保护的主要途径

乡村旅游是传统村落文化资源存续和保护的主要途径，其根本依托在于传统村落特色文化产业的发展以及产业发展的质量和价值。传统村落拥有丰富的特色文化资源存量，由于地域条件的差异性，特色文化产业的发展和提升需要结合区域性因素具体分析，并且把文化资源纳入当地发展战略之中，建立传统村落文化与自然、人与自然、文化与经济的共生关系，不断强化与保护传统村落资源特色。传统村落文化旅游需要建构各自的品牌，基于资源类型品牌具有鲜明特点，明确市场定位，通过各种类型的文旅项目突出地域文化特性，以此建立传统村落特色文化产业的品牌符号，带动文旅产业的发展。我国文旅市场广阔，城市消费潜力带动农村文旅市场扩大，在政府、行业协会、经营者共同参与下制定并推行可持续的传统村落文化旅游发展策略。

2. 传统村落文化资源产业化实现村域统筹和节点再造结合

20 世纪 80 年代，吴良镛先生首次提出传统村落"有机更新"理论，认为在"进行村落或民居的改造时，需要充分考虑'新'与'旧'的结合，保证协调统一"。有机更新注重延续和保留传统村落原本的特色与文脉，主张构建具有区域性特色和充满生命力的传统村落空间，不主张对文化景观资源大拆大建，强调局部调整和改造，传统村落文化资源保护层次的划分、传统村落产业功能布局的调整以及传统村落资源结构的调整，都要基于对原有村落的科学认识和改造，实施符合传统村落特色的规划方案。

村域统筹是指在村域范围内展开的文化资源复兴工作。主要是以点、线、面划定不同层次的传统村落文化资源保护区，再进行村落内部多区域统筹发展。而节点再造是传统村落修复能力有限情况下着眼于"节点"的发展，以创造特色"节点"为主，最终达到"以点带面"的效果。与村域统筹发展模式不同，节点再造因修复面较小，成本较低，所需资金规模较小，这种模式多利用村落核心文化景观公共节点的再造来带动村域更新的效果。

3. 建立传统村落文化资源生态博物馆

生态博物馆是一种特定区域、没有围墙包围的以展现社会关系为主的一种"活态博物馆"。它保护和展示的不仅是物质文化遗产原貌，更强调自然和文化遗产的真实性、完整性和原生性，以及人与遗产的活态关系。生态博物馆不需要重新搭建，只要在村落的原有基础上维持原生态，持续对整个传统村落文化资源进行保护和活化，保证原真性和完整性。生态博物馆的建立一般要多方参与，政府推动与各项政策扶持，聘请专家提出指导建议，以及鼓励全体村民共同参与。

（三）资金保障政策

传统村落资金保障机制：资金方面应以政府投入为主导，设立专项传统村落文化资源专项支持资金，同时引进吸纳社会及侨胞资金的投入。建立相应的监督机制使资金得到公正的使用，形成可持续的良性循环，促进传统村落文化和经济的同步发展。

当前，在乡村振兴背景下，习总书记明确提出，首先要"在资金投入方面采取有力措施，加快补齐农业农村发展短板"。要实现这一目标，就必须始终坚持以农民为中心的思想，就必须优化金融各项政策，构建合理高效的农村金融制度安排，加强农村金融供给有效性，使之成为保护发展传统村落文化资源及特色文化产业的重要举措。

1. 加大政策性金融资金支持保护提升村落文化资源的精准性

当前，政策性金融资金基本已实现城乡平衡，在村落基础设施建设和公共服务配套上发挥巨大贡献，但资金的分配、调度和使用难以下沉到基层的村级企业或村户，难以满足基层的资金需求。政策性金融资金在分配和调度使用上首先要加大对各村落的实地调研和考察力度。坚持前期资金需求调查工作的精细化，坚持一村一策，一县一案，采取省市县三级联合，及时摸清村镇企业、村户等的资金需求，精准掌握基层村民、村镇企业、土地资产等基本信息，统筹处理资金需求问题；精准对接各类文化资源开发型、乡村旅游观光型等经济发展实体，提供融资扶持。同时，进一步扩大村级"金融助理"的覆盖面，为村落集体资金充当金融服务顾问，保证村落文化资源等集体资产的保值增值。

2. 提高商业性金融和传统村落特色文化产业融资需求契合度

农村商业性金融体制尚不完善，传统村落所获得的金融服务供给也较为欠缺，影响了传统村落文化资源有效的产业转化路径。2021年我国涉农贷款同比增加10.9%，小于同期其他各项信贷11.6%的增幅，同时，金融市场构成、业务主体、金融服务体系相对单一，机构、市场、产品、监管体系等都亟须进一步优化调整。因此，应明晰农村商业性金融机构服务"三农"的法律责任，接受法律监督，以服务乡村振兴大局。应进一步完善村落金融市场体制，整合协同，逐步建立村落银行、担保、抵押、保险、信托、券商等机构的各司其责、协同互补、共同服务村落经济的新格局；应进一步优化农村金融服务顶层设计，在机构、市场、产品、监督等体系协调发力，提高商业性金融与村落经济的契合度。

3. 坚持"三变改革"的乡村金融发展思路，变文化资源为资产

"资源变资产，资金变股金，农民变股东"的"三变改革"已连续三年写入中央一号文件，为我国乡村集体经济探索出一条新思路，也成为当前村落金融服务工作的重点。"三变改革"对土地、资金、技术、人力资本等资产要素整合成农民"股份"，既保证农民作为股东参与资产经营和收益的权利，也壮大集体经济组织资产。"三变+金融"支持模式将村落集体经济组织作为主要资产管理企业的发展思路，将村落集体经济组织股份作为一项重要财产性权益，开展村落集体组织股权质押融资，能有效盘活文化资源资产，实现将农户的集体股份转化为资本。

4. 加速应用金融科技赋能满足村落融资的金融创新

当前，数字乡村战略正在迅速推进，金融科技迅速成长为进一步赋能村落金融打下了良好的技术基础。一方面，通过加大对信息通信设施的投入与建设工作，有利于促进农村数字化改造。通过推进我国农产品信息化、云计算技术、农产品人工智能的广泛运用，减少农村信息不对称和农民信贷交易成本，促进农村信息化建设与我国主要村落文化资源生产的深入结合。另外，金融技术广泛应用还可以促进金融技术公司和银行的深度整合。借助网上银行、移动金融等电商服务，向农村低收入弱势群体倾斜，减少融资成本，提高农民用户的金融服务可得性，将普惠金融服务落到实处。

5. 提高乡村金融的监管水平和资金安全性

一是应大力加强金融信息管理，按照数据性质、安全级别等因素实行严格分类，以防止数据滥采、滥用。同时加强对金融欺诈、非法集资等活动的严厉打击力度。积极地推动涉农信用信息平台建设，进一步健全部门之间的信息共享，进一步健全农村信用管理体系建设。二是进一步健全城乡金融监管体系，一方面，针对各个类型的涉农金融机构，设置区别化的金融监管方式，并进一步强化政策倾斜力度，以鼓励更多的金融服务进入农村。监管政策和制度要与时俱进，要与乡村金融创新相适配。三是更加明晰中央政府与各地金融监管部门的监管职责，建立中央政府、各地金融监管机构的合理有效分工，保证乡村金融工作安全运转。

三、技术与人才

人才是乡村振兴的第一要素，必须通过人才引进政策引导离乡村民返乡创业，才能为村落注入内生活力，留住村落文明永续传承的根脉。由于城市化进程加速，加之村落是一个复杂的社会环境，收入低、交通闭塞、就业岗位缺失，导致大量劳动力外流到城市。留守的村民多为老年人，思想固化，基层干部较难做通思想工作。因此，只有鼓励年轻乡贤引导年轻人返乡，年轻人劝解老人，才能让更多村民解放思想、转变思路。

传统村落是村民以家族为单位世代繁衍生活交往的空间，对传统村落内部资源禀赋熟悉度和把握度高。传统村落特色资源的维护和活力的延续必须依靠村民的参与。因此，村民的参与是实现传统村落文化资源保护与利用工作可持续发展的基础。应激活全体村民的力量，激发村民的主动性和创造性，并且在村"两委"的组织和专业人士的帮助下，让村民参与到传统村落的保护、文化资源的提升和产业化实践中，增加村民的认同感与责任感。传统村落文化资源的保护、提升和利用，需要在地村民的参与，需要原在地年轻人的回流参与以及新乡贤的参与。因此，在人才方面应着眼于在地年轻人的回流以及新乡贤的引进，构建完备的人才保障体系。

（一）提高传统村落特色文化产业经营人才的综合素质

当前，传统村落文化产业经营面临人才匮乏的现状。一是文化管理部门现有的工作人员、特派员年龄普遍较大，做好文化建设的意识薄弱，因为传统村落资源体量大，文化建设任务是系统性工作，同时传统村落文化资源的开发需要创新创意方法，光靠现有人数少、年龄大的文化工作者不能满足文化建设的发展需要，急需一批有能力有文化素质的年轻人来接替工作。但是，年轻人的眼光较高，基层工作环境较差、工资待遇较低、发展空间有限，致使他们大都选择在大城市就业而不愿回到乡村发展。而现在乡村留守的村民缺乏传统文化传承的责任意识。因此，乡村文化建设和特色产业经营人才严重不足，随着对乡村文化建设重视程度的不断加深，各地政府也在积极努力制定人才引进和回流政策，吸引更多的优秀年轻人才加入传统村落文化建设队伍，提高传统村落文化建设人才的年轻化层次和综合素质。

（二）提高传统村落人才干部的考核机制和福利待遇

传统村落特色产业发展需要强有力、实干加巧干的基层党组织队伍。在传统村落人才干部考核机制上，首先，基层文化管理机构不规范，职称设置不合理，工资待遇不与职称挂钩，因此大多有专业技术的人才对这个岗位排斥。第二，乡村文化系统晋升机制不健全。基层文化站工作人员属于事业编制，晋升上往往需要论资排辈，且晋升机会较少，对于年轻人晋升十分困难。因此，要合理设置文化管理机构的职称评定体系和考核机制。同时要下大力气对基层文化队伍进行规范提升，认真执行以岗定人，以岗定责，以责论薪酬，以业绩论晋升的方式鼓励年轻人回乡工作，努力打造一支政治素质过硬、专业能力超强、结构分布合理的乡村文化人才队伍。

此外，要稳定传统村落文化工作者和文化产业经营人才的鼓励待遇。乡镇文化工作人员主要负责组织乡村文化建设和文化活动，是各种乡村文化活动的组织者和推动者。为了确保乡村文化建设的稳定性，建议将文化工作者的工资纳入专项资金进行拨付，确保工资待遇稳定，同时也有利于吸引更多的有志向有才艺的年轻人加入文化建设这个队伍，为乡村文化建设提供智力支持。此外，要保障文化传承人的生活，提高文化传承人的待遇，协助非物质文化遗产的产业化运营。

四、文化与教育

传统村落文化资源是乡村记忆的主要载体，也是保持传统村落活力的关键要素。因此要积极探索多元传承渠道，保持活态传承。这就需要保持接受文化教育的热情，保持文化传承的持续性和稳定性。

（一）加强传统村落文化研究人才的培养。

一方面加强传统村落文化研究人员的培养以及地方文化工作者的业务培训，通过在高等院校、科研机构设置相关专业，培养一批能够从理论上分析、研究传统村落文化内涵的研究人员，培育研究成果和研究基地，为传统村落文化保护与传承提供理论支持和人才支持；另一方面，需要转变思想改变过去单一的传承模式，通过政策扶持、社会宣传等方式提高文化传承人的社会地位，提高更多传承与发展的机会，在传统村落文化空间开办体验班、兴趣班、传承人培训班等，让更多人了解地方性文化，发掘本土乡村文化人才，丰富乡村文化业态[1]。

（二）加强传统村落文化建设队伍的培训。

加强传统村落文化建设队伍的综合素质，还需要定期开展传统村落文化建设队伍培训，这是完善传统村落文化建设服务体系、发展传统村路特色文

---

[1] 韩雪娇：《乡村振兴战略中村落民俗文化的保护与利用》，《经济师》2018 第 11 期。

化资源不可或缺的环节，是提升村落文化产业发展效能的有力抓手。

一方面，对传统村落文化队伍进行思想上的教育。与其他工作相比，传统村落文化建设的工作性质不同，因为涉及文化意识形态，它是一项较为复杂的特殊工作，传统村落文化队伍建设是一项长期的工作，传统村落文化队伍建设要逐步推进，在日常和工作中组织学习，提高思政水平、文化意识、专业水平和责任意识。

另一方面，对传统村落文化队伍进行专业上的培训。专业培训要契合文化建设岗位、职能和业务需要，要充分考虑队伍综合素质发展需求，努力提高传统村落文化建设队伍的知识技能和专业水平，要引进一些具有专业水平的人才，充分吸收进来壮大原有队伍，提高队伍的整体格局和专业能力，应用现代化、综合化的方式培养造就一批新的文化专业人才，鼓励长期扎根基层，为传统村落文化建设服务。

（三）普及村民的文化教育和文化保护利用意识。

村民作为传统村落的长期共存者和保有者，要激发其主人翁意识，要着重从意识层面提高村民对传统村落保护的认同感和责任感，使村民意识到传统村落保护和发展的重要性以及必要性。当地村民是传统村落保护和发展的主体，只有把村落当成家园，只有从内心深处意识到遗产保护的重要性，把这种保护和发展的理念内化于心，提高自觉性，传统村落文化资源保护和发展工作才能长效进行，落到实处。针对文化资源保护和利用的普及工作，应充分利用"线上＋线下"的平台宣传方式，强化村民对本地特色传统文化资源的认识和保护意识。强化村民认识对中国传统文化保护传承的重要意义。通过地方政府官网、电视节目、网络直播平台、微信公众号、知识讲座、政策宣讲会、文化艺术活动等方式多平台、全方位宣传保护传统村落资源以及对乡村资源产业政策展开全面解读。此外，政府部门也要持续加强对传统村落保护的重视程度，持续关注传统村落的保护发展现状，把传统村落保护发展工作纳入考核范围，强化各级工作人员的责任意识。

五、配套与服务

传统村落文化资源和特色文化产业发展需要相应的配套服务体系，包括大力发展文化资源保护管理服务体系，进一步完善特色文化产业体系和制度框架体系，这样才能使传统村落保护发展工作在各地统筹推进。

（一）完善配套传统村落文化建设部门机制。

制度框架体系是传统村落文化资源管理和特色文化产业发展的有效的助推力。因此，要着力完善传统村落文化建设部门机制。

第一，设立一个统筹性强的综合管理部门，负责传统村落文化资源保护中统筹安排，包括政策制定、督促检查和协调调度等工作。第二，设立一个执行力强的执行机构，负责传统村落各项政策、计划、项目、活动的实施落地，包括特色文化项目建设的组织实施、推动政策和财政支持、分工分配等各项工作。第三，设立一个专家委员会组成的审查机制部门，制定相关法律、法规，负责项目建设的规划评审、效果评估等工作。将传统村落保护特色文化产业发展纳入制度法规之中，对违规行为的处罚提供法律依据。

（二）完善文化基础设施建设。

许多传统村落文化基础设施陈旧老化严重，不能满足群众需求。虽然村内各种文化基础设施齐全，但是由于缺少管理人员，多数文化设施缺乏定期养护维修、陈旧老化。二是文化基础设施利用效率低下，与群众需求不匹配。由于村民文化知识水平普遍偏低，对于文化基础设施中的新技术运用并不熟悉，没能吸引群众参与其中，使得一些文化基础设施流于形式，只是摆设。因此，完善文化基础设施建设，既要建立文化基础设施的长期保管机制，还要定期给村民培训相关使用课程，提高文化基础设施的利用效率。

（三）积极开展传统村落文化活动。

目前，各传统村落为了开展文化营建和文化活动，修建不少文化基础设施，这些文化基础设施是开展群众文化活动、传播先进文化的重要场地，这些文化设施的根本目的在于发挥文化活动的作用，但是在一些场所仍存在着"重建设、轻管理，有阵地、无活动"的现象。因此，在完善基础配套设施、建好村级活动场所的基础上，还要管好、用好这些场地，宣传、保护和利用特色文化资源，积极开展文化活动，或者使文化资源 IP 动态化，努力让村级活动场所线上线下"活起来"，真正让乡村文化"动起来"，形成特色文化产业品牌。

参考文献

期刊：

孔发龙：《推动农村金融向高质量发展》，《经济日报》2018-01-02。

卢玉娇、翟丽芳：《浅谈农村发展的内金融模式》，《时代金融》2014 年第 7 期。

温铁军：《重构宏观危机"软着陆"的乡土基础》，《探索与争鸣》2016 年第 4 期。

李昌平：《"内置金融"在村社共同体中的作用——郝堂实验的启示》，《银行家》2013 年第 8 期。

沈理平：《村社内置金融养老模式探索》，《南方农村》2017 年第 2 期。

黄涛，秦密密．《合作治理在乡村振兴中的运用研究》，《信阳师范学院学报》（哲学社会科学版）2021 年第 1 期。

李昌平 杨嘉翔：《村社内置合作金融促进乡村振兴及扩大内需的实践报告与政策性建议．》，《当代世界社会主义问题》2019 年第 2 期。

施佰发 陈伟雄：《"复制型"农村资金互助社的运行问题及对策分析》，《农业部管理干部学院学报》2017 年第 6 期。

杨志强：《农民专业合作社内部资金互助模式探讨》，《福建金融》2011 年第 4 期。

戎承法 李霖：《东亚地区发展合作金融的主要做法和启示》，《中国合作经济》2019 年第 8 期。

Sreelata Biswas，Anup Kumar Saha:Structural Transformation of Rural Finance in India: A Critical Review，Springer, New Delhi ,2013,pp1-2.

黄文忠：《对推动农村集体经济组织股权质押贷款的思考》，《福建金融》2019 年第 10 期。

韩雪娇：《乡村振兴战略中村落民俗文化的保护与利用》《经济师》2018 第 11 期。

郭艳云：《台湾农会组织的基本功能及其启示》，《中国集体经济》2017 年第 3 期。

王曙光、郭凯、兰永海：《农村集体经济发展及其金融支持模式研究》，《湘潭大学学报（哲学社会科学版）》2018 年第 1 期。

郎美玉、吕剑平：《河南新型农村合作金融机构可持续发展研究》，《中国集体经济》2016 年第 18 期。

郑斌、龚琦等：《河南信阳郝堂村新农村规划建设经验与启示》，《安徽农业科学》2014 年 42 卷 23 期。

崔云：《两种农村土地流转方式评析》，《经济研究参考》2014 年第 37 期。

吕新雨：《农村集体经济的道路与制度——从新时期集体经济的三个案例谈起》，《经济导刊》2017 年 6 月。

贺雪峰：《乡村建设中提高农民组织化程度的思考》，《探索》2017 年第 2 期。

张伟兵：《乡村内置金融的"合法性"问题探析》，《吕梁学院学报》2021 年第 10 期。

李少惠、赵军义：《乡村文化治理：乡贤参与的作用机理及路径选择》，《图书馆建设》2021 年第 4 期。

冯禹铭、伍佳鑫：《乡村振兴战略下内置金融实行现状分析——以鄂州市张远村为例》,《湖北经济学院学报(人文社会科学版)》2020 年第 7 期。

王海侠、余翔:《乡村重建中的能动与制约——郝堂"美丽乡村"试点的案例研究》,《社会建设》2019 年 5 月。

王田兴、杨雅如:《再造村社共同体的理论探究》,《新疆农垦经济》2020 年第 6 期。

陈志刚:《珠海试点建设"内置金融合作社"破解农村发展难题》,《金融经济》2015 年第 24 期。

蔡昉:《中国"三农"政策的 60 年经验与教训》,《广东社会科学》2009 年第 6 期。

王雪磊、郭兴平等:《建国以来农村金融的发展历程及其评述》,《农村金融研究》2012 年第 7 期。

学位论文:

肖贺男:《村社组织内置金融运营模式研究》,硕士学位论文,安徽农业大学,2018 年。

王小明:《郝堂新村建设经验研究》,硕士学位论文,信阳师范学院,2015 年。

刘洋:《内外生金融契合支持农村合作经济模式研究》,硕士学位论文,山东财经大学硕士论文,2015 年。

周法法:《福建省农民专业合作社资金互助的障碍因素及其运行机制研究》,硕士学位论文,福建农林大学,2012 年。

孙玥:《村社型资金互助运行机理研究——以河南信阳郝堂村为例》,硕士学位论文,云南财经大学硕士论文,2019 年。

周天祥:《珠海斗门农民专业合作社内置金融案例分析》,硕士学位论文,广东财经大学硕士论文,2017 年。

论著：

胡延福：《福建特色农村发展经典案例》，中国农业出版社，2019 年版。

孙军、胡静：《郝堂中国式乡建》，中国建材工业出版社，2021 年版。

魏后凯编：《中国农村改革 40 年》，经济管理出版社，2019 年版。

任常青：《新型农村金融机构——村镇银行、贷款公司和农村资金互助社》，经济科学出版社，2012 年版。

农业部管理干部学院编：《农民合作社典型案例评析》，中国农业出版社，2017 年版。

费孝通：《江村经济》，北京联合出版公司，2021 年版。

刘明等：《西北乡村金融田野调查》，人民出版社，2019 年版。

孙君、胡静：《郝堂 中国式乡建》，中国建材工业出版社，2021 年版。

温铁军等：《从农业 1.0 到农业 4.0：生态转型与农业可持续发展》，东方出版社，2021 年版。

八闽古城古镇古村丛书编委会：《福建中国传统村落》，海峡文艺出版社，2017 年版。

李昌平、傅英斌：《中国乡建途径探索》，辽宁科学技术出版社，2021 年版。

田剑英：《乡村振兴战略背景下新型农业经营主体的金融支持》，中国财政经济出版社，2019 年版。

贺雪峰：《大国之基：中国乡村振兴诸问题》，东方出版社，2019 年版。